调适

曾国藩嘉言钞新赏

周和平 著

重庆出版集团 重庆出版社

图书在版编目(CIP)数据

调适:曾国藩嘉言钞新赏/周和平著.—重庆:重庆出版社,2023.5(2024.1重印)

ISBN 978-7-229-17598-6

Ⅰ.①调… Ⅱ.①周… Ⅲ.①曾国藩(1811-1872)—语录—鉴赏 Ⅳ.①K827=52

中国国家版本馆CIP数据核字(2023)第093507号

调适:曾国藩嘉言钞新赏
TIAOSHI:ZENGGUOFAN JIAYANCHAO XINSHANG
周和平 著

责任编辑:李云伟
责任校对:刘小燕
封面设计:文　子
装帧设计:百虫文化

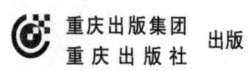

重庆出版集团 出版
重庆出版社

重庆市南岸区南滨路162号1幢　邮编:400061　http://www.cqph.com
重庆市国丰印务有限责任公司印刷
重庆出版集团图书发行有限公司发行
E-MAIL:fxchu@cqph.com　邮购电话:023-61520417
全国新华书店经销

开本:890mm×1230mm　1/32　印张:11.5　字数:300千
2023年8月第1版　2024年1月第2次印刷
ISBN 978-7-229-17598-6

定价:68.00元

如有印装质量问题,请向本集团图书发行有限公司调换:023-61520417

版权所有　侵权必究

目 录

人性三角形——以曾国藩为例（代自序） …………001

书札 ……………………………… 021

家书 ……………………………… 149

家训 ……………………………… 261

日记 ……………………………… 295

文集 ……………………………… 339

人性三角形——以曾国藩为例（代自序）

曾家世代都是贫苦的农民，直到曾国藩的祖父曾玉屏这一代，才积累了些田产。曾玉屏性格倔强，勤劳发家后的最大愿望就是让子孙读书做官。所以，曾国藩5岁开蒙，14岁便跟随父亲曾麟书进考场。父子俩屡试屡落，屡落屡试，曾麟书历经十六次落榜，终于在43岁那年考了一个秀才；第二年，经历六次失败的曾国藩也考中秀才，时年22岁。秀才虽是科考的初阶，但曾国藩这一步比他的父亲提早了20年，这让他和家人信心大振，之后一路晋级，直至27岁考中进士入翰林，曾家的科举梦得以真正实现。

由此看出，曾家的基因算不上优秀。曾国藩非但没有超群绝伦的天资，反而在同时代的贤才俊杰中被认为是最钝拙的，而且先天身体素质差，眼睛不好，患有终身不能治愈的皮肤病。他一生厄运不断，但历经千难却初心不改，以坚忍不拔之志，挽国家于浩劫、解生民于水火，建立了震古烁今的功绩，成为无数仁人志士的偶像。他的同乡毛泽东说"予于近人，独服曾文正"；蒋介石服膺曾国藩，把《曾胡治兵语录》作为黄埔军校教材，还亲自增补做序；梁启超更是曾国藩的铁杆粉丝，评价曾国藩是千古一人——终身在拂逆之中，然乃立德、立功、立言三不朽，并把曾国藩的言论辑录成《曾文正公嘉言钞》，作为最重要的修身之书。

《曾文正公嘉言钞》活现了曾国藩的身教和言教。他从不否认人性有卑劣，只是自觉去扩展自己的道德良知，并通过自己去影响家人、下属、朋友以及更多的人，在劳作和创造中完成自我身份的转化和认同，达成人性的圆满。下面从人性三角形假设开始简要论述。

一、人性三角形假设

根据脑科学，我们的大脑就像一个俄罗斯套娃，大套娃里套着一个小套娃，小套娃套着一个更小的套娃（见图1）。最古老的是原始层，即新陈代谢和免疫系统等，维持呼吸、血液循环等生命基本功能，负责对外界反应和运动控制；接着是边缘层，负责控制情绪、战斗/逃跑以及性行为，与蛇、蜥蜴的控制功能相似，所以科学家把这一部分称为"爬行动物脑";最后是皮质层,位于大脑最外层,是最晚进化出来的部分,负责语言、逻辑推理以及规划等认知加工。

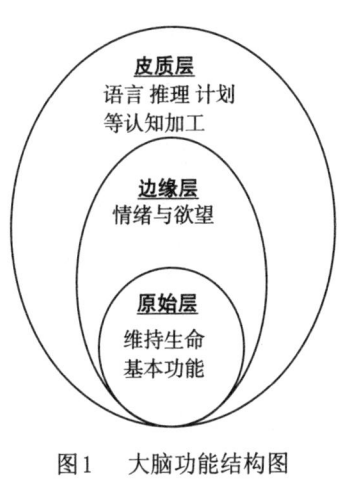

图1　大脑功能结构图

是自然选择和文化选择共同造就了我们复杂而强大的大脑（文化指各种社会规范和道德价值）。大脑是自我意识和构建自己的社会能力（学习、合作、分享、组建家庭等），以及整个人性得以实现的生物基础。大脑的复杂性决定了人性的复杂性——我们是蜥蜴（爬行动物）的直系后代，但我们不是蜥蜴。换句话说,人性是在动物性上镶嵌了主体性和共融性,让人成为自然界中独一无二的社会物种。

动物性：生命存在的基础，主要表现为生存和繁衍本能，支配与占有，以及攻击性。

主体性：身份与自由，成就与自尊，权力与声望等，表现为个体独特的思想和行为。主体性是基因以及基因与环境互动所共同塑造的，是人类社会具有如此多样化面貌的原因，更是人类应对不确定生存环境的根本性力量。

共融性：归属与依恋，爱与亲情，责任与担当，合作与分享等。人没有进化出独自生存的基因，为抗拒孤独和恐惧，个体渴望融入比自己更安全、更强大、更崇高的集体。

由此可见，人性内在既相互矛盾又相互依存。为方便理解，把它们简化为人性三角形（见图2）。

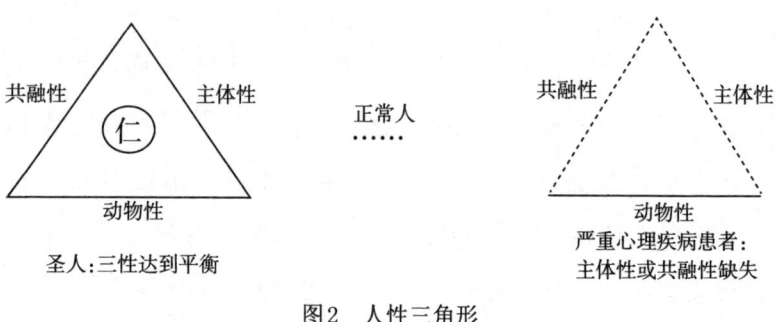

图2　人性三角形

比如，动物性的攻击、占有与共融性的合作、分享之间是矛盾的，攻击性过强则破坏人际关系，野性的快感释放之后紧接着是自我的谴责和焦虑，而攻击不能有序向外释放就可能反过来攻击自己的身体。又比如，共融性的归属与主体性的自由之间，有着截然相反的行为倾向——一方面渴望融入和依赖更安全更强大的集体，另一方面脆弱的自尊又总是让我们想挣脱集体的束缚。一个主体性极强而共融性弱的人，就表现为过于强势或者完全以自我为中心，难以融入社会；一个主体性弱而共融性强的人，就可能一味地顺从他人而忽视自我，养成讨好型人格，最后沦为随波逐流、庸碌无为之人。

总之，人性复杂而矛盾，使我们不容易有彻底的人格完整，人生的一切苦痛的根源也在于此。就像媒体时常曝光的一些明星、富豪、高官，他们一边维护着自己的公众形象，一边在私下把自己置于危险之中，做出一些有悖常理的事。还有不少的人，虽然没有明显的怪异行为，但源自灵魂深处的角色冲突，使得方寸之间常常心猿意马，或噩梦缠绕，或躯体化症状，或人际关系紧张，生命的一部分能量被抑郁、躁狂、恼怒、嫉妒以及自恋等负面情绪所销蚀，人生少有真正的快乐。

但是，人性内在冲突可以转化和升华。比如原始的攻击性可以升华为创造力,通过知识和德性赢得声望来替代暴力型的支配,权力可以转化为对群体的责任,归属可以让自我的身份完整……动物性、主体性、共融性,可以有机联结成平衡的人性三角形。所以,人性具有达致完美状态的可能(见图2左)。

人世间,最接近完美的就是像曾国藩那样的人,他们有自知之明,节制与智能结合——去忿欲以养体,存倔强以励志;刚柔互用,不用偏废。因为和谐处于统治地位,身体的各种智慧都相互协调来为整体的利益服务,使生命的潜能得以最大程度释放,让内心获得真正的愉悦——情感的、智力的和道德的愉悦相统一。这样的人是真正能够驾驭自己灵魂的人,是人世间真正自由的人;处于另一极端的就是严重精神疾病患者,人性三角形断裂(图2右),他们无法融入社会,也无法专注于自我;处在中间的是大多数的普通人,努力着让人性的三角形达到平衡。

每个人身上都兼具人性最优和最劣的部分,都具有成为圣人或罪犯,以及介于两者之间的一切可能。所以,通过修炼,充分发展自我的主体性,在主体性与共融性互动生成的更高平衡中,去最大程度释放爱与创造力,体会和谐生命创造的快乐,是生而为人应有的自觉。这是道德的全部意义,也是人生的全部意义。

二、学习通达自己内心

觉,是"学习通达",悟,是"自己内心",所谓觉悟,就是"学习通达自己内心"。通达,意味着意识与潜意识的连通,是动物性与主体性和共融性之间的"通情达理"。曾国藩的觉悟从日记开始。

记日记

曾国藩在道光二十二年十月的一篇日记里说:

> 出席朋友女儿的订婚宴,席间听说聘礼丰厚,不禁为之心动。而昨晚梦见朋友发财,当时心里头是好生羡慕嫉妒啊,贪恋钱财都到梦里头了,早上醒来后痛责自己何以卑鄙若此。刚刚说要痛改前非,一听到钱财两个字又怦然心动,可见自己真是下流;与人交谈,言不由衷,为掩饰自己学问浅陋而虚浮客套;见人下棋,也"跃跃欲试,如见猎之

喜"，口说改过自新，而行动却依然如故……

这是我吗？贪财、虚伪、巧令、无恒等等，皆是小人行径，长此下去，何以成圣？在无数个深夜他与自己这样对话。

曾国藩的日记有两个特点：

其一，重点记录自己当日懒惰、拖延、浮躁、虚伪的言行和憎恨、贪婪、嫉羡等恶念，以及反省和改正的措施。

其二，定期把日记拿给朋友点评，坦诚公布自己的行为和内心世界，以借助外界的力量来监督自己。

比如戒烟，日记说"誓永不再吃烟。如再食言，明神殛之！"但戒烟过程是如此艰难："自戒潮烟以来，心神彷徨，几若无主。退欲之难类如此矣。不挟破釜沉舟之势，讵有济哉（怎么能有效果呢）！"

曾国藩就是这样操刀与自己的劣性搏杀，不断暴露自己的贪婪、虚伪、自卑等丑陋部分，进而探究内在冲突的根源，然后疗愈己心。

悔字如春

曾国藩一生多次陷入困境，他应对的方法一是"悔字诀"——承认过错，直面耻辱，改过自新；二是"硬字诀"——隐忍不言，咬定牙根，徐图自强。其中最痛苦的一次，是在咸丰七年与咸丰八年间，曾国藩同时陷入军事危局和政治泥淖中，被夺兵权而家居，时间长达一年多。

当时，太平军内部因权力之争引发"天京事变"，洪秀全诛灭东王杨秀清和北王韦昌辉，逼走翼王石达开，太平军实力大损。战争可能很快结束，曾国藩眼看身边兄弟纷纷创建奇功，而自己作为湘军的创建者却蜗居老家，千载一时的机会被自己放弃了，悔痛不已。他在咸丰八年四月给弟弟曾国荃的书信中说："兄回忆往事，时形悔艾。……弟目下名望正隆，务宜力持不懈，有始有卒。……愿吾弟兢兢业业，日慎一日，到底不懈，则不特为兄补救前非，亦可为吾父增光于泉壤矣。"

但世事无常，不久清军江南大营全军覆没，太平军复燃，曾国藩的机会又回来了，在胡林翼等朋友的帮助下复出。

困境中的反省，让曾国藩看见他内心真正渴望的东西，同时也看清楚自己身上的问题。他在咸丰八年四月二十六日的日记里写道：

　　矫激近名，扬人之恶，有始无终，怠慢简脱；
　　平易近人，乐道人善，慎终如始，修节庄敬。

即自己四大毛病：性格偏激，喜欢批评人，做事无恒，对人怠慢；改过的措施：平易近人，看人长处，做事有恒，敬人敬事。

曾国藩后来把这段经历称为"大悔大悟"。觉悟之后的曾国藩如同"金丹换骨"，他在同治六年给弟弟曾国荃的信中说：

　　自从丁巳、戊午大悔大悟之后，乃知自己全无本领，凡事都见得人家有几分是处。故自戊午至今九载，与四十岁以前，迥不相同。大约以能立能达为体，以不怨不尤为用。立者，发奋自强站得住也，达者，办事圆融行得通也。

大悔大悟的人生像春天一样充满生机。曾国藩从此"以能立能达为体,以不怨不尤为用",不再把他人作为对手,不再与无关的事情纠缠,只把生命的能量贯注于所追求的事业上,自然是一通百通。

心如明镜

觉悟之心,犹如一面洁净的镜子,无论是美丽鲜花还是污垢秽物,都只是真实地显示出它的原貌,离开之后不会留下任何痕迹。觉悟之人,并不否定人性的卑劣,只是他有完整的观照,能够时刻省察自身,坦荡如砥。就如曾国藩说:

> 知己之过失,即自为承认之地,改去毫无吝惜之心。此最难事。豪杰之所以为豪杰,圣贤之所以为圣贤,全是此等处磊落过人。

三、超越自身

如果把先天的基因和大脑比作硬件,那么后天就是加载操作系统,预置在生命蓝图中的语言、共情和学习等行为模式编码得以激活,让一个带有个性特征又兼具普遍心理结构的自我系统运行起来。修身就是发现漏洞—打补丁—调适的循环。就像曾国藩那样,真正成为集体的一员,在人和事上磨砺自己,将自由与归属的张力以及原始的攻击升华为创造性,在主体性与共融性的更高平衡中获得生命的愉悦。

把脑力和时间始终用在最重要的事情上

一个人来到世间,生命携带的东西只有两样:脑力和时间。对于天资差不多的普通人而言,大脑的产出主要取决于专注度。专注有恒是主体性的重要体现,曾国藩把它作为第一美德。他说:

> 以专而精,以纷而散。
> 凡事皆贵专。心有所专宗,而博观他途,以扩其识,亦无不可;无所专宗,而见异思迁,此眩彼夺,则大不可。
> 人生唯有常是第一美德。余早年于作字一道,亦尝苦思力索,终无所成。近日朝朝摹写,久不间断,遂觉月异而岁不同。可见年无分老少,事无分

难易，但行之有恒，自如种树养畜，日见其大而不觉耳。

专心的劳动不仅创造价值，而且保持心智流畅，还是焦虑的"防火墙"——注意力越集中，越能抗干扰，越能听见自己的心声，就像收音机调频过滤掉杂音能收听到清晰的电台信号一样。

曾国藩无论治学、任事还是修身，都以最深的专心进入了道的境界。

养成习惯

生命中90%的能量藏在潜意识中，而理性与潜意识不容易统一，这就是为何信誓旦旦制订的计划常常半途而废。当习惯养成时，行为主要依靠程序性记忆（潜意识的一种）驱动，大脑只需要输出较少的自控力，就可以像老司机驾驶汽车一般轻松地从事手中的工作。所以，习惯养成是心智成熟的必经之路。

这就好比你要开辟一条上山的路。坡度、土石、草木、溪流等就像我们的基因，是先天设定的。第一次，有很多的不确定性，第二次、第三次可能还是一条模糊的、荆棘丛生的小路。但很多次后，路的印迹会越来越清晰。继续走下去，路越来越宽，路基越来平整，你行走的速度越来越快，越来越轻松。现在，你很难不走这条路了，而这条大路不再是由你的基因决定的了。

培养习惯，方法十分重要。曾国藩说：

> 未习劳苦者，由渐而习，则日变月化，而迁善不知；若改之太骤，恐难期有恒。

> 欲去骄字，总以不轻非笑人为第一义；欲去惰字，总以不晏起为第一义。

> 于清早单开本日应了之事，本日必了之。

习惯是人的第二天性。是因为习惯和与生俱来的第一天性一样具有生物学意义，在特殊情况下可以激发出与众不同的能力。曾国藩正是靠习惯，弥补了自己先天的一些不足，成就了千秋伟业。所以，他把培养习惯作为教育儿子的重中之重，晚年总结"日课四则"作为家训。

如果你的孩子没有天才的基因，那就设法给予他一个好习惯。

以善相养

曾国藩通过身教和言教来扩展自己的良知良能，从而达成自我身份的转化和认同，在"众乐乐"中享受生命的愉悦。因为人性如斯，他在《箴言书院记》中说：

> 天之生斯人也，上智者不常，下智者亦不常，扰扰万众，大率皆中才耳。中才者，导之东而东，导之西而西，习于善而善，习于恶而恶。

天才和蠢笨是极少数，绝大多数的是普通人。而普通人的行为倾向取决于社会风尚。

他在日记中说：

> 与人为善，取人为善之道，如大河水盛足以浸灌小河，小河水盛亦足以浸灌大河，无论为上为下，为师为弟，为长为幼，彼此以善相浸灌，则日

见其益而不自知矣。

就吾之所见多教数人，取人之所长还攻吾短。

他在给下属的信中也说：

前曾语阁下以"取人为善，与人为善"。大抵取诸人者，当在小处、实处；与人者，当在大处、空处。

吾乡数人，均有薄名，尚在中年，正可圣可狂之际。唯当兢兢业业，互相箴规，不特不宜自是，并不宜过于奖许，长朋友自是之心。彼此恒以过相砭，以善相养，千里同心，庶不终为小人之归。

人类善意是由基因编码的，善行是天性的表达。无私的帮助、非亲缘的合作与分享，与海狸建造水坝、蜘蛛织网的行为一样，是进化而来的能力，但这种能力需要环境和风尚的激发。

曾国藩"以善相养"，成就了自己，成就了团队，为国家培养了无数杰出人才。他的幕府中，有候补官员、法学家、数学家、天文学家和机械师等各类人才近500人。经他培养和举荐的官员从军机大臣、总督、巡抚到按察使、道员、知县不胜枚举（《清史稿》说他"汲汲以荐举人才为己任，疆臣阃帅，几遍海内"）。

在平实中达到高明

没有志向和目标的生活只是不知为何的终日忙碌；没有足履实地和铢积寸累，理想只是一场白日梦。

曾国藩在给下属的信中说：

军中阅历有年，益知天下事当于大处着眼，小处下手。陆氏但称先立乎其大者，若不辅以朱子铢积寸累功夫，则下梢全无把握。

莅事以明字为第一要义。明有二：曰高明，曰精明。……凡高明者，欲降心抑志，以遽趋于平实，颇不易易。若能事事求精……则渐实矣；能实则渐平矣。

曾国藩"大处着眼、小处下手"，彰显了他在平实中达到高明的中庸智慧。

每天进步一点就是成功

曾国藩一生步履坚实，困知勉行，积厚成器，最终进入圣人的行列。

在《送郭筠仙南归序》中说：

> 君子赴势甚钝，取道甚迂，德不苟成，业不苟名，艰难错迕，迟久而后进，铢而积，寸而累，及其成熟，则圣人之徒也。

铢积寸累，可能是成功的最佳策略。因为世间万物的成长都需要时间，就像中国最好的五常稻米，要经过138天漫长的生长期，以保证大米有机质含量。

在给三个弟弟的信中说：

> 步步前行，日日不止，自有到期，不必计算远近而徒长吁短叹也。

在日记里也写道：

> 每日须以精心果力独造幽奥，直凑单微，以求进境。一日无进境，则日日渐退矣。

每个生命都是世上独一无二的存在。我等虽俗世凡夫，但困而知、勉而行，努力在未来去遇见更好的自己，就不枉人世间走一遭。今天的我比昨天的我，更自律、更专注，更懂得爱与包容，内心更空灵、更和谐，就是成功。

今天，科技日新月异，物质极大丰富，知识和技能的获取比曾国藩时代更加容易，但人生获得幸福却面临着更多的挑战。如何帮助我们自己提升生活的意义感，如何帮助我们的孩子建构起应对未来不确定性的能力，是我们要认真思考的问题。世事变迁，但自古以来的人性没有变，一些朴素而珍贵的生存法则是不变的，比如自我驱动的目标感、习惯、抗逆力、道德心、共情能力等。一句话，就是发展以及平衡自我的主体性与共融性。这是人生幸福的基石，也是AI所不能取代的。在这方面，曾国藩嘉言钞依然可以提供一些教益和启发。

书　札

　　书札这部分出自曾国藩从道光二十三年（1843）至同治十年（1871）间与同僚和朋友的书信，体现了他因材施教的风采和高超的管理智慧。

> 今日而言治术，则莫若综核名实；今日而言学术，则莫若取笃实践履之士。物穷则变，救浮华者莫如质。积玩之后，振之以猛，意在斯乎！复贺耦耕

大清帝国在经历康乾盛世后衰败。官场上，士大夫优容苟安、相互掩饰、腐化堕落；而学术上，只剩下古经典之训释考订之类，成为一些人博得名誉的工具。社会精英如此，只能是百姓受苦了。

世运与人物总是相伴而行。身处晚清衰世的曾国藩，依然怀揣着"致君尧舜上，再使风俗淳"的政治理想。在学术上，他承继唐宋古文传统，主张文以载道，强调经世致用，反对不切实际的虚谈高论。他在湖南虽然是组建地方武装，但心中已有荡平天下的全盘准备。训练水师、造战船、控制长江都是全局的战略谋划；待平乱以后，急流勇退，遣散湘军而保留淮军；面对外敌入侵，欲求自强，开办江南制造局、译学馆、派遣留学生等等。在以他为首的一帮士子的努力下，王朝得以中兴，老百姓又过了几十年的平静日子。

给贺长龄的这封回信，就充分彰显了曾国藩世运担当的儒家精神。他说，对积弊沉疴的官场应该下一剂猛药（积玩之后，振之以猛），挽救浮华必须依靠质朴——国家治理必

须求真务实,实事求是;而做学术,最重要的是选拔忠诚踏实、不图虚名的人才。

治术,国家治理方法;学术,意识形态理论。无论治术还是学术,根本的是人。做学术的人能够洞察世界变局,吸取时代精神的精华,理论创新以指导政治实践,就是国家之幸,民众之幸。

吾辈今日苟有所见，而欲为行远之计，又可不早具坚车乎哉？ 致刘孟容

这段话出自道光二十三年写给刘蓉的一封信。曾国藩在信中纵论古圣先贤以及上下五千年文明，就"文以载道"做了深入的阐释。"孔孟没而至今存者，赖有此行远之车也。吾辈今日苟有所见，而欲为行远之计，又可不早具坚车乎哉？"这里的"坚车"，就是指传承华夏精神的文字。

曾国藩承继宋明理学的衣钵。宋学的源头要追溯到唐代的韩愈。韩愈提倡古文，为的是辟佛卫道（唐朝尚佛）。他要继承发扬的道是孔孟的人文之道，即所谓"文以载道"。他最著名的是《师说》，"师者，所以传道授业解惑也"，这一师道运动，开创了重在学生的人格修养和师道传承的儒家教育精神。

所以曾国藩对当时做塾师的刘蓉说，为了人文之道的永续传继，就要"早具坚车"——教育学生把文字基本功练好，把文章写好。

人性实验室：文字与表达欲

传说仓颉造字成功，白天下粟如雨，晚上听到鬼哭。本

是值得庆贺的事情，为何鬼要哭呢？可能是文字继语言之后，彻底开启了人的心智，道尽了造化的秘密。人类利用文字开创故事，传承文明，用准确、丰富的语词建构自我独特身份，从此可以掌控自己的命运。这就是文字"惊天地泣鬼神"的无穷力量。

但是，今日网络上大量使用"喧嚣"热词和笑"梗"，除了"YYDS"找不到其他赞美的词，万物皆可"绝绝子"……对话中充斥着乱七八糟的插入语和符号，一段文字看下来，就像是一个初学汉语的外国人在"连比带画"痛苦交流，真是"爱你在心口难开"，人们把这种现象称为"文字失语"。

我们的大脑有近一千亿个神经元，神经元之间的连接多达 10^{15} 处，这些连接不断的断开和重连，时时刻刻都在变化，所以今天的你和昨天、上周、去年的你有很多的不同。文字写作，涉及大脑视听知觉、语义以及运动等多个脑区的协同工作，是大脑最复杂最具创造性的工作之一。每敲下一个字符，你大脑的物理结构就和之前不一样了，这就是大脑神经可塑性。如果长时间固定使用网络流行语，那么，这些简单、机械的符号就可能慢慢吞噬你的表达欲。

文字是人类重要的心智能力。我们应该敬畏文字、珍视文字，减少使用网络用语和表情包，用完整、优美的语词来扩展我们丰富多彩的内心世界。

注：刘蓉，字孟容，著名散文《习惯说》作者。曾与刘是同乡好友，都是桐城派古文家，当时一个翰林，一个塾师，经常书信探讨学术和时事。太平天国起义爆发后，刘蓉入湘军，辅佐曾国藩，后官至陕西巡抚。

耐冷耐苦，耐劳耐闲。答黄麓溪

曾国藩对初入官场的同乡黄廷瓒（字麓溪）说，做官需要耐力：耐冷耐苦，耐劳耐闲。

耐苦、耐劳：能忍受环境艰难和生活清苦，能承担繁重的工作任务，则不容易受金钱等诱惑。这是成长型干部的第一层能力。

耐冷、耐闲：在自己不被器重时，在身边的同僚通过其他方式上位时，还能静下来反思和反省自己，还能坚守自己所追求的东西，这是更高一层的能力——自我认同。

很多年轻干部在职场的"冷板凳"上，要么彻底躺平，要么愤愤不平，都是耐力不够的表现。

人才高下，视其志趣。卑者安流俗庸陋之规，而日趋污下；高者慕往哲盛隆之轨，而日即高明。答欧阳功甫

10万年前东非大草原的一个夜晚，一群智人循着星星的指引，踏上开辟人类新家园的旅程……到如今70多亿的子孙遍布地球各个角落。在漫长的征途岁月里，那些带领众人跨越大洋、走过雪地、开创农耕、建立城市、登上火星的英雄印迹就是"往哲盛隆之轨"，永远闪耀在人类文明的时空里。

公元1875年9月的一个早晨，在东方帝国的皇宫紫禁城中，亲王、大臣们对于电报、铁路等西方"奇技淫巧"依然争执不休，他们认为电线会变乱风俗，是背弃祖宗之举；修建铁路会动摇大清龙脉，是不忠不孝。在中国遭遇"三千余年一大变局"时，"士大夫囿于章句之学"，对西方文明视而不见，死守"天朝上国"而苟安，这就是"安流俗庸陋之规"。

"高者慕往哲盛隆之轨，而日即高明"。王阳明12岁明白此生要"读书做圣人"；曾国藩30岁立下誓言"不为圣贤，便为禽兽"；李鸿章20岁时心里琢磨"一万年来谁著

史,三千里外欲封侯",彰显其志向之远大。

高尚的志趣,是一个人懂得了天命,"让生如夏花之绚烂";是融入比自己更强大更高尚的集体里去创造;是永远保持好奇心,向着星辰大海探索未来。

曾国藩仰望历史的星空,决心追随古圣先贤的足迹,去奋力中兴他所效忠的帝国,终成千古名臣。

无兵不足深忧，无饷不足痛哭，独举目斯世，求一攘利不先、赴义恐后、忠愤耿耿者，不可亟得。此其可为浩叹也。复彭丽生

曾国藩所处环境极为艰难，太平军来势汹汹，清朝岌岌可危。让他悲叹的，不是无兵，也不是没钱，而是难于找到不贪钱、不怕死、忠义血性的将才。究其根源，在人心陷溺。

所以，曾国藩要通过精神教育——用儒家的忠义信勇、宗族和乡土观念武装将士，建设一支根本有别于旧式军队的湘军。他麾下的很多将领如罗泽南、彭玉麟等都是普通的读书人，他们领兵作战一不为私财、二不为官禄，其精神动力来自要捍卫被太平军戕害的儒家文化和恢复平静生活的信念。罗泽南当时在省城长沙开馆教学（曾国藩的六弟、九弟即在罗处附课），太平军开始进犯长沙，便与曾国藩一起募兵练勇。他白天当将军领兵作战，夜晚则做回塾师给士兵讲理学的道理。

历史学家蒋廷黻在《中国近代史》中评价曾国藩：他是孔孟的忠实信徒，他所选的官佐都是他的忠实同志，他是军队的主帅，同时也是士兵的导师。所以湘军是一支有主义的军队。

今日百废莫举，千疮并溃，无可收拾。独赖此精忠耿耿之寸衷，与斯民相对于骨岳血渊之中，翼其塞绝横流之人欲，以换回厌乱之天心，庶几万有一补。不然，但就局势论之，则滔滔者吾不知其所底也。与江岷樵、左季高

帝国欲坠，人心陷溺，一介书生拿什么救世？唯有那颗精忠耿耿的心（寸衷）。怎么救？与苦难的同胞在骨山血海中奋起，用血肉之躯去堵塞那如溃坝之水的欲望，以收拾人心，重整我山河。

这段话今日读来，依然慷慨激昂。

后世谈论曾国藩，很多人记起是他的千秋功名，很难想象他当时"百废莫举，千疮并溃，人欲横流，无可收拾"的处境。

文学作品描写救世的英雄，往往有不可战胜的神力。其实，英雄真正的神力源自"精忠耿耿之寸衷"。从卫青、霍去病，到岳飞，到曾国藩，到抗日名将张自忠等等，他们的忠耿和骨血化作星辰，永远闪耀在华夏民族的精神时空中，融入中国人的基因里。

注：江中源，号岷樵，湖南人，官至安徽巡抚。咸丰三年十二月年庐州（今安徽合肥）城破投水自杀；左季高即左宗棠。

集思广益，本非易事。要当内持定见，而六辔在手；外广延纳，而万流赴壑，乃为尽善。复欧阳晓岑

曾国藩说：集思广益本非易事，首先决策者自己心中要有主见（内持定见），方向要自己掌握——就像手握马车的六根缰绳一样；对外集合众人的智慧，犹如诱导万千条溪流归入大河，就是最好的。

一个组织的决策方式主要取决于领导的气质（风险偏好）和见识。真正做到集思广益的少，而刚愎自用、首鼠两端的却很多。世上永远没有最优的决策，即使今天的大数据也无法完全防止"灰犀牛"，更不能预防"黑天鹅"。

作为管理者，只有持续修炼，尽力减少"情绪评估"的影响；永远对世界保持敬畏之心，时刻惕厉自己"不知道自己不知道"，清空方寸之地——接纳新的东西以更新认知。还有一点很重要，就是在最后定板时，能够反问自己：假如事情出现坏的情况时，我怎么办？这样就能减少一些错误决策。

注：六辔，古时候一车四马，内马各一根，外马各两根，共六根缰绳。

方今民穷财困，吾辈势不能别有噢咻生息之术，计惟力去害民之人，以听吾民之自孳自活而已。与朱石樵

曾国藩对任职湘乡知县的朱石樵说，如今民生凋敝，政府财力穷困，做官的也没有三头六臂让人民生活马上好起来，能够做的就是去除祸害民生的坏人，让百姓休养生息以慢慢恢复生机。用今天的话说，就是扫黑除恶，恢复市场秩序，改善营商环境。

这看似简单的话，体现了曾国藩治国安邦的智慧。

社会就像一个有机体，民穷财困说明这个社会病得很重。要恢复健康，首先得去除社稷肌体上的毒瘤——把社会上的坏人干掉。所以，曾国藩到长沙的第一步就是"扫黑除恶"——清剿会党、匪患、地痞流氓等黑恶势力。

今日社会，持刀抢劫的少了，更多的是隐性或变身的坏人，比如腐败分子，既是政治上的变节者，又是市场规则的破坏者；再如"割韭菜"的资本大鳄，已经变异为社会寄生虫；又如包装成"真善美"的炫富拜金、"一夜成名"、"颜值即正义"等文化侵蚀者。去除害民之人，任何时候都是治理的首要任务。

注：噢咻，抚慰病者的声音；孳，繁殖。

带勇之人，第一要才堪治民，第二要不怕死，第三要不汲汲名利，第四要耐受辛苦。大抵有忠义血性，则四者相从以俱至。与彭筱房、曾香海

曾国藩挑选将才的四条标准：第一具备管人、理事的才干；第二不怕死，临阵才能身先士卒；第三不急功近利，不会因一点点利益而撂挑子；第四是身体好，能耐辛苦。大概有忠义血性之士，上述四条都可相随而至。

曾国藩一介书生，之前没有一点行伍经验，为何能带出一支能打胜仗的军队？选贤任能是关键。曾国藩有观人鉴人的天赋（李鸿章总结成《冰鉴》一书），湘军一百多名将领，大多是他亲自挑选。

忠义，具有坚硬的三观；血性，是天生的气质。所以，忠义血性者，稍加培养即成优秀将领。

人性实验室："勇士"与"忧士"基因

神经生物学研究发现，一个人的抗压能力与一个叫COMT的基因有关。COMT有两种变体，由此区分为"勇士"和"忧士"。

"勇士"基因，即COMT-GG型，能快速清除多巴胺，因

为代谢速率较快，体内多巴胺浓度低，遇到压力时浓度迅速提升到最佳工作水平，决策能力变强，所以抗压能力较好。

"忧士"基因，即 COMT-AA 型，酶活效果与 COMT-GG 相反，体内的多巴胺浓度本身较高，遇到压力进一步升高，超高的多巴胺浓度导致决策能力下降，抗压能力减弱。

"勇士"们，好似生来就对威胁性的、需要发挥出最优水平的环境做好了准备；而"忧士"则天生对压力环境敏感，但在无压力的正常环境中，体内较高的多巴胺水平，让认知和智力表现优异，能够做出更复杂的计划。据统计，"勇士"和"忧士"型基因在人群中约各占25%，介于两者之间的占50%。

《大宅门》的白景琦，天生聪明、顽劣，家里人说他长大后是"混世魔王"。在母亲和名师的教育下，成为有民族气节的巨商。编剧煞费苦心的"从小只会笑不会哭"设计，想表达的就是性情有先天性。像白景琦这种拥有超高压力阈值的是基因突变，在任何时代都是极少数。

古来名将得士卒之心，盖有在于钱财之外者。后世将弁专恃粮重饷优为牢笼兵心之具，其本为已浅矣。是以金多则奋勇蚁附，利尽则冷落兽散。与王璞山

曾国藩之"钱财之外者"，是什么？

蔡锷将军在《曾胡治兵语录》中说，曾国藩"带兵如父兄之带子弟"，最能彰显"以仁带兵"的精神。父兄对待子弟，担心他们蒙昧无知，就耐心地教诲；担心他们受寒受苦，就关心爱护；担心他们放荡学坏，就对其错误严加惩戒；担心他们不能发达成才，就用心地培养。无论宽还是严，无论赏还是罚，都是出自诚心，出自公心，没有虚伪，没有私心，下属定能拥戴长官。

"打仗亲兄弟，上阵父子兵"。这是曾国藩将儒家"仁"的思想用于治兵，并结合敌我、正反两方面的经验总结出来的（清军绿营的"劣"——军官奴役士兵，士兵作践百姓；太平军的"优"——士兵是上帝的子女，是兄弟姐妹）。

曾国藩并不是否认"粮重饷优"的作用，相反，据学者张宏杰《曾国藩传》，相对于朝廷正规军绿营，湘军官兵饷银是前者的三到六倍。但是，专靠钱多粮优笼络士卒之心，根本是不牢固的：钱多赏重，人人争先恐后投靠于你，一旦

无利可图，就作鸟兽散。

100年后，曾国藩的同乡毛泽东也带出了一支仁义之师。在共产党军队里，官兵一致，军官心里装着士兵，自然上下同心。曾经被嘲笑的国民党杂牌60军，1948年10月长春起义后被成建制地改编，蜕变成了志愿军王牌50军，他们突破临津江，全歼英军的装甲部队，在朝鲜战场上立下了赫赫战功。

以"仁"对人，推己及人，永远是处理人际关系的基本原则，也是管理的王道。

国藩入世已深，厌阅一种宽厚论说、模棱气象，养成不黑不白、不痛不痒之世界，误人家国，已非一日。偶有所触，则轮囷肝胆，又与掀振一番。 与刘孟容

国家糜烂、大厦将倾，而朝堂上下依然是模棱两可、不痛不痒的世界。曾国藩一遇到这种"宽厚"做派，肝胆都要被掀腾起来。

曾国藩的"掀腾"，也把自己陷入危险境地——得罪同僚、惹怒"大老板"。但曾国藩顾不了这么多了："国家糜烂成这个样子，正需要我辈去动手改造！"（梁启超语）

官员"黑白不分"是一种恶：手握资源不作为，在大是大非面前装"宽厚"，为保住他自己一亩三分地不受损，而置民众福祉和组织利益不顾。今日，仍然有极少数官员想的是"不做事，不惹事，就不出事"，这样的算法该休也。

注： 新皇帝咸丰一登基，曾国藩就上了《应诏陈言疏》，直言官场四大通病："京官通病有二，曰退缩，曰琐屑；外官通病有二，曰敷衍，曰颟顸。"（清李翰章《曾文正

公全集》）紧接着他还上了一道惊世骇俗的《敬陈圣德三端预防流弊疏》直接批评皇帝的三大缺点：精于小事的"琐粹"作风、回避矛盾的"毋庸议"以及刚愎自用。

轮囷肝胆：血气刚烈。

练勇之道，必须营官昼夜从事，乃可渐几于熟，如鸡伏卵，如炉炼丹，未宜须臾稍离。复刘霞仙 启超按：教育家之于学生及吾人之自行修养，皆当如是。

书生如何练兵？

湘军将领既是士兵的长官，又是士兵的导师，还是士兵的父兄。兵营是湘军士兵的第二个家，借助家的氛围，曾国藩"礼、仁"治军思想，如细雨般浸润着每一个士兵，外化成他们"忠勇"和"爱民"的行为。所以，曾国藩要求将领要像母鸡孵蛋、道士炼丹那样，从早到晚泡在营房中，跟士兵吃在一起睡在一起。

有"如鸡伏卵，如炉炼丹"的精神，何愁带不出团队。

> 二三十年来，士大夫习于优容苟安，揄修袂而养姁步，倡为一种不白不黑、不痛不痒之风，见有慷慨感激以鸣不平者，则相与议其后，以为是不更事，轻浅而好自见。国藩昔厕六曹，目击此等风味，盖以痛恨次骨。_{复龙翰臣}

手握权柄之人"习于优容苟安"、遇事"不白不黑、不痛不痒"，反而说担当任事者"轻浅"，这样的社会离大乱不远了。

这封书信是曾国藩于咸丰三年十二月写给他的好友、当时在广西办团练的龙启瑞（字翰臣）的，言词里充满委屈、愤慨以及绝不妥协之决心。

咸丰二年末，曾国藩丁忧期间奉旨办团练。湖南地方官员多年的不作为，致使土匪、会党、地痞等势力猖獗，太平军起事，更让百姓生活雪上加霜。所以，曾国藩首要任务是"打黑除恶"。他集中全省力量，统一抓捕，统一审理，统一法办。猛药去沉疴，短时间湖南境内治安即得到根本好转。但是，曾国藩的行为很快招来其他官员的抵制，因为侵犯了他们的权力边界。一时间对他"专断"的非议四起，"曾屠夫""曾剃头"谤名满城。

佛说，"我不入地狱，谁入地狱！"

曾国藩说，我不当"屠夫"，谁当？只要能救民于水火，他不怕报应。

注：揄修袂而养娴步：挥舞长袖，踱着舒缓闲雅的步子。

国藩从宦有年，饱阅京洛风尘，达官贵人优容养望，与在下者软熟和同之象，盖已稔知之而惯尝之，积不能平，乃变而为慷慨激烈、轩爽肮脏之一途。思欲稍易三四十年来不白不黑、不痛不痒、牢不可破之习，而矫枉过正，或不免流于意气之偏，以是屡蹈愆尤，丛讥取戾。而仁人君子，固不当责以中庸之道，且当怜其有所激而矫之之苦衷也。复黄子春

曾国藩要用"慷慨激烈、刚直磊落"改变"不白不黑、不痛不痒"的官场风气。但矫枉必然过正，有时难免意气用事，行事偏激，因此招致怨恨指责，被一些人讥讽是自取其罪。然而，真正的有道君子不应该责备他没有恪守中庸之道，并且应该怜惜他激愤而矫枉过正的苦衷。

达官贵人"优容养望"，士大夫"不黑不白"，居下位者"软熟和同"……这幅晚清画像透露出来的是大清国开始朽烂的味道。现代历史学家钱穆认为"乾嘉之盛极转衰"有四方面的原因：

第一，帝王精神一代不如一代。乾隆好大喜功，不如雍正之励精图治，雍正刻薄，不如康熙宽仁。

第二，满族官僚日益贪污放肆，"和珅跌倒，嘉庆吃饱"。

第三，汉人亦志节日衰，吏治日窳（懒惰），士大夫不顾礼义廉耻。

第四，人口剧增，民间经济情形转坏。天下大乱开始。

正是曾国藩等人的奋起，让摇摇欲坠的王朝又强撑了60年。

注：优容养望：特意显示从容宽宏的气派以提高声望；软熟和同：软媚求同，圆滑世故；轩爽肮脏：刚直磊落；丛讥取戾：被一些人讥讽是自取其罪。

苍苍者究竟未知何若,吾辈竭力为之,成败不复计耳。复朱石樵

曾国藩说,上天的意思究竟怎样没人知道,我们这些人只有竭尽全力去做,至于成功还是失败,那就不需要计较了。

真正的志向,是对内心诉求的回应和承诺,一旦行动,就会坚定不移地走下去。"成败不复计耳"之人,老天也无法阻拦他做事和成事。

愚民无知，于素所未见未闻之事，辄疑其难于上天。一人告退，百人附和，其实并无真知灼见；假令一人称好，即千人同声称好矣。复褚一帆

民众情绪容易二极管化，这是人性。

面对水师这个陌生之物，湘勇们自然产生疑畏，"一人告退，百人附和"。曾国藩是心理高手，谙熟"要把羊群朝一个方向，赶得要有一只头羊先动起来"的道理，所以教导下属褚一帆说："假令一人称好，即千人同声称好矣"，事情就成功了一半。

曾国藩眼中的"愚民"不是大脑有问题，而是一个认知有局限、从众、不稳定的群体——"就像一堆码好的砖块，略经风雨就会坍塌"。所以，"民众大厦"需要一种黏合剂，这种黏合剂就是关系，领导可以提供这种关系。不稳定的群体"黏合"成团队可以干成很多事情，而乌合之众则一事无成。

领导者与管理者的角色有本质区别。遗憾的是，企业中有不少在高阶位上的领导，其实只能算是一名管理者——因为他们很少关注人或不知道怎么关注人。

人性实验室：从众是一股强大的力量

所罗门·阿施在1956年进行了一项被视作关于从众现象最经典的研究。实验中，阿施手持画有4条线段的卡片（见图3）在室内来回走动，对8名被试者进行询问。只不过，这8名被试者中，实则只有一名真实的被试者，而其他都是阿施请来的"托儿"，事先就"串通"好的。在开始的前两轮测试中，一切进行正常，大家都给出了一致的答案。但是，在第三轮测试中，7位假的被试者统一给出了一个错误答案，即声称线段C与标准线段的长度最为接近。当听到这个答案时，那名真正的被试者十分疑惑地望着他的同伴们，并怀疑是自己的眼睛出问题了，而轮到他回答时，他会怎么选择呢？阿施告诉我们，经过大量的重复试验，大约有3/4的被试者都会与同伴保持一样，给出错误答案。

这些被试者并非是突然发生了视力障碍，而是为了"不被群体排斥"而选择从众。在阿施的线段实验中，只要7名假的被试者中有一位给出正确答案（有了同盟者），那名真正的被试者就可能坚持自己的意见——从众效应被大大削弱了。

标准线段　　　　　　A　　B　　C

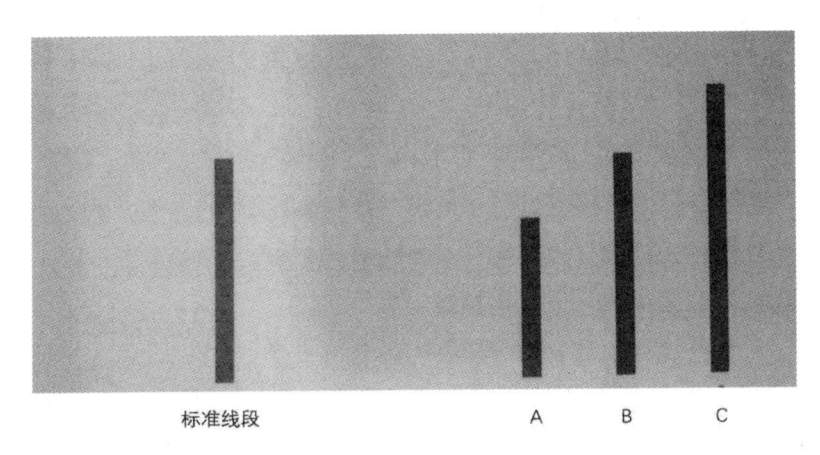

图3　画有4条线段的卡片

注：褚汝航，字一帆。应曾国藩所请于咸丰三年底到湖南督造战舰、训练水军，在募勇练兵时遇到困难写信给他的上司，这是曾给他的回信。

虹贯荆卿之心，而见者以为淫氛而薄之；碧化苌弘之血，而览者以为顽石而弃之。古今同慨，我岂伊殊？屈累之所以一沉，而万世不复返顾者，良有以也。与刘霞仙

荆轲的义胆雄心化作天虹，但观看的人认为色泽不正常而鄙薄；苌弘之血化为碧玉而世人却当作顽石丢弃。千古同慨，我岂有例外？屈原毅然沉湘而万世不悔，确实是有原因啊！

曾国藩在给好友刘蓉的信中，用"荆轲之心、苌弘之血、屈原湘累"来表达他此时的悲愤和孤独。在2个月时间里，挚友江中源、恩师吴文镕先后在与太平军作战中兵败自杀。曾国藩出于战略考虑，在舰船未造齐、火炮未到的情况下两次抗旨出兵救援。对此，朝廷责难，朋友说他妒功嫉能。曾国藩快绷不住了，随后湘军靖港首战惨败，他就羞愤而投水。幸被救起，否则中国历史上少了一位圣人。

圣人孤独，"举头天外望，无我这般人"。

注：苌弘之血，典出庄子《杂篇·外物》。周敬王时大夫苌弘蒙冤被流放，在西蜀被害。他的血被藏起来，三年后变成碧玉。后以"苌弘血"喻志士捐躯。

时事愈艰，则挽回之道，自须先之以戒惧惕厉。傲兀郁积之气，足以肩任艰巨，然视事太易，亦是一弊。 与罗罗山、刘霞仙

在恶劣的环境里，首要的是能活下来。不仅要时刻竖起耳朵、睁大眼睛——戒惧，还要给自己打鸡血——惕厉，以等待机会，这样才可能扭转乾坤。不服输（傲兀郁积）性格的人，是可以承担艰巨的任务，但要是把事情看得太容易，一旦不利局面出现，就会因为没有足够的思想准备和应对策略，往往措手不及，容易怀疑和退缩，给自己和团队带来巨大损失。所以，曾国藩说：视事太易，亦是一弊。

真正的计划是包含变化的。能在事前想到坏的结果，第一，有尽力应对之策（备用方案）；第二，执行者更能坚定不移。所以，参与计划制定的，既要有"勇士"（COMT-GG型基因），也要有"忧士"（COMT-AA型基因）。

> 凡善弈者,每于棋危劫急之时,一面自救,一面破敌,往往因病成妍,转败为功。善用兵者亦然。致罗罗山

曾国藩"因病成妍"。战局如棋局,曾国藩被困江西但着眼整个战场,一面自救,一面破局,最后转败为功。

冯唐说,久病成医与因病成妍有境界的差别,一个是自救、守成,一个是破局、创新。

危与机对立统一。对高手而言,"大危"往往意味着"大机"。比如,徐峥的《囧妈》在新冠危机下以6.3亿卖与字节跳动(当时和爱奇艺、优酷、腾讯相比,并非主流视频平台),让很多人在2020年这个疫情肆虐、无聊至极的春节里,享受了一把在家免费看贺岁片的大福利,字节跳动则打了一个流量的翻身仗。

注:因病成妍,许瑶之(南北朝诗人)《咏楠榴枕诗》:端木生河侧,因病遂成妍。朝将云鬓别,夜与蛾眉连。楠榴,楠木的瘿瘤,俗称楠木疙瘩,因其材理坚邪可作器皿,即所谓因病成妍。

急于求效，杂以浮情客气，则或泰山当前而不克见。以瓦注者巧，以钩注者惮，以黄金注者昏。外重而内轻，其为蔽也久矣。 与李次青

"外重而内轻"，是一种普遍的心理现象。比如高考，有的考生会失常；比如面对重大事件，有的领导会失误。原因都是一样，太看重结果。方寸之地不堪重负，大脑CPU过热，动作极易变形。

调整心态，不太看重结果，道理人人知道，但真正做到并不容易，需要长时间的历练。"金注"时有"瓦注"时的心态，是"赌神"；"泰山崩于前而色不变"者，是豪杰。

曾国藩的修炼方法，是在人和事上磨炼自己的心性，这一点与王阳明极为相似。从"外重内轻"到"举重若轻"，经历过生死的曾国藩做到了。

注：曾国藩借用《庄子》的语言：在赌场里，以土器瓦片做赌注者灵活自如，以铁器钩件做赌注者就顾虑畏惧，以黄金做赌注者可能慌乱到心智昏聩，这就叫"外重而内轻"。所以，曾国藩教导下属李元度（字次青），面对充满不确定性的战场，越是急于求效，内心就越不能安稳，而"精察冷窥"，一定能发现敌人的破绽，一定会有破敌之策。

锐气暗损，最为兵家所忌。用兵无他谬巧，常存有余不尽之气而已。与李次青

中国古人的生命观认为，一个健康的生命需要两种能量：一是化五谷而来的营养物质"精"，一是负责运送营养至五脏六腑的"气"。"精"盈而"气"足，则有"神"；"气"虚则无力，吃再好的食物依然是病恹恹的。

团队就像一个有机体，要"常存有余不尽之气"。目标导向、业绩考核、学习培养是基础，而领头人的精神气质是关键。精神气质是一种特殊的能量——蕴含着高尚的情操、强烈的愿望以及坚定的意志，它与意识形态相结合，可以构建成一个类似同向电流产生的电磁场，能够抵御外部黑暗能量的侵蚀，就像保护人类的大气层一样。

精神气质这种特殊能量不均匀分布于个体，在优秀的企业家身上展现得淋漓尽致，比如杰克·韦尔奇、稻盛和夫、任正非等。

日中则昃，月盈则亏。故古诗"花未全开月未圆"之句，君子以为知道。自仆行军以来，每介疑胜疑败之际，战兢恐惧，上下怵惕者，其后恒得大胜；或当志得意满之候，狃于屡胜，将卒矜慢，其后常有意外之失。与罗伯宜 启超按：处一切境遇皆如此，岂惟用兵？

中国人很早就从太阳起落、月亮圆缺的自然现象总结出"物极必反"的道理。比如《易》的泰卦是大吉大利，否卦是君子的黑暗时期，而从"泰"到"否"只是眨眼之间。当事物发展十分顺利时，凶险有可能已经伴随而来。所以，君子明白"花未全开月未圆""人生最好是小满"。梁启超认为，人生一切境遇皆如此。

曾国藩诲人不倦，善于寓教于"事"。他用自己的亲身经历告诫下属罗萱（字伯宜，湘军水师湖口兵败时，他与李元度把曾国藩拖上小舟冲出重围）：凡是小心翼翼、战战兢兢、官兵上下恐惧警惕（怵惕）时总能打胜仗；而连续几个胜仗之后，自以为胜算满满，骄傲情绪滋长弥漫于队伍，接下来往往就是吃败仗。

不确定性，是人类生活的常态。当一个行业风生水起之际，往往是变革暗流涌动之时。所以必须时刻竖起耳朵、睁大眼睛，洞察内外部环境的细微变化，这是领导人的责任。

欲学为文，当扫荡一副旧习，赤地新立，将前此所业荡然若丧其所有，乃别有一番文境。与刘霞仙　启超

按：此又不惟学文为然也。

曾国藩与刘蓉都属"桐城古文派"，行军途中两人也常探讨学术。曾国藩信里说：为文之道，应当把旧习气清扫干净，在空地上盖新楼（赤地新立）。把此前所学的东西丢掉后，便会生出一番新文气。梁启超在此指出，不仅仅学文是这样，做很多事情都要有创新的精神。

吐故方可纳新，《诗经》《楚辞》《世说新语》唐宋散文……，都是"扫荡一副旧习"之后，而"赤地新立"。

立新就得颠覆，新的技术对已有技术/产品的彻底替代，比如汽车干掉马车、电灯干掉煤油灯、iPhone 干掉 NOKIA；立新就得革命，比如秦始皇废封建置郡县而生帝国、法国革命废君主专制而生民主共和。

赤地新立，人类永恒的渴望。

吾乡数人，均有薄名，尚在中年，正可圣可狂之际。唯当兢兢业业，互相箴规，不特不宜自是，并不宜过于奖许，长朋友自是之心。彼此恒以过相砭，以善相养，千里同心，庶不终为小人之归。复李希庵

君子之交少，因利相随多。

曾国藩在湖南同乡中名望极高，他复信李续宜（字希庵，曾的下属）：我们家乡好几个都有了一定的功名，尚在中年。人生之船行至中流，可以继续争上流，也可以随波逐流（可圣可狂之际）。我辈应当兢兢业业，勤奋自勉，不要自以为是，朋友也不宜过于夸耀，以滋长自以为是之心；我们相互劝诫规谏、指出过错（相砭）、滋养人性之善（以善相养），千里之远而同心交好，或许这辈子可以避免成为一个猥琐、浅狭之小人。

做君子还是小人，首要在自己，其次是家人、朋友。加入曾国藩的朋友圈，"彼此恒以过相砭，以善相养"，至少不会沦为小人。

敬以持躬，恕以待人。敬则小心翼翼，事无巨细，皆不敢忽。恕则常留余地以处人，功不独居，过不推诿。与鲍春霆

敬，是程门（程颢、程颐）提出最主要的一个字，包含用心、虔诚、谨慎和畏惧；恕，即站在他人角度思考问题和处理问题，所谓"推己及物"，"己所不欲，勿施于人"。

通过"敬"，看见自己的心，发现自己的天赋。只有接纳了自己的与众不同，才能接纳和包容别人的不同，才能从容地看世界，也才会有从容的人生。福特汽车创始人亨利·福特说过：如果世上有成功的秘诀，那就是不分彼此地从他人的视角看问题的能力。因为共情下的尊重、热情和包容的力量远大于理性的道德评判。

恕人，也是恕己。没有独自生存基因的个体，为了对抗孤独和恐惧，需要归属和依赖更安全更强大的集体；但同时，脆弱的自尊及占有、支配的冲动又总是让我们想挣脱或对抗集体（他人）。达成和解的唯一出路——给别人留出空间，来拓宽自己的空间。

所以，"敬与恕"是实现人性三角形（动物性、主体性、共融性）的协调平衡，以及充分释放生命潜能，获得幸

福感的不二法则。

注：鲍超，字春霆，重庆奉节人，湘军名将，其"霆军"有湘系第一劲旅之称。他官至浙江提督，封一等子爵。鲍超是少数几个不识字的将领，"粗鲁骁勇"，缺点不少，曾国藩赏识其忠勇，故常常指点、劝诫。

吾辈互相砥砺，要当以声闻过情为切戒。 与李希庵

曾国藩认为，名声超过实情（声闻过情）会有灾殃。

世风不古。今日很多人追逐名声，从"郭美美炫富"，到"仝卓自爆高考身份造假"，再到"小学生研究癌症造假"等等，都是为了出大名，早出名。一些网红为了博取眼球，甚至于无下限操作。

博取眼球，除了金钱利益外，还与自恋有关。当自恋与个人主义、物质主义一起搭上社交媒体的快车，就成为"自恋流行病"，比如越来越多的在网上晒吃、晒成绩、晒娃，甚至晒隐私，万物可晒。社会学家说，互联网世代的自恋倾向超过任何一代人。

炫耀是为了获得某种优越感，属于婴儿时期自恋的残留，也是一种侵凌。人都存有炫耀的欲望。炫耀有危险性，可能伤着别人也伤着自己，

那些无底线的网红，就是"自恋狂"。

人性实验室：恶性自恋

自恋一词源自希腊神话那喀索斯（Narcissus）。美少年那喀索斯有一天发现了一片清澈的湖水，当他俯下身准备喝

几口凉水时，突然他看见了自己水中的影子。这影子是那么美丽：明亮的慧眼、卷曲的头发、洁白的脖子、红润的面颊……美少年爱上了水中自己的倒影。他想伸手拥抱水中的情人，手一接触水面，影子就不见了；他用嘴去亲吻水中的朱唇，水面化作一片涟漪。直到水面恢复平静，水中的情人才又重新出现。他离水面远，水中的情人也远；他离水面近，水中的情人也近。他只能站在湖边，时刻不离地望着自己的影子，最终活力枯竭而亡，殒命之处长出了水仙花（narcissus也是水仙花的意思）。

每个人身上都有程度不同的自恋倾向，但是过度自恋就会伤害他人最终也伤害自己。

美国亚特兰大一条最繁华的街区被封锁了——为了一个16岁女孩的生日派对。这一幕出现在美国音乐电视网的真人秀节目《我的甜蜜十六岁花季》（*My Super Sweet* 16）中。当派对策划师指出，这条街附近有家医院，救护车必须从这里经过时，这名叫艾莉森的女孩咯咯笑道："他们可以绕路走。" 过度自恋的人，想要周围所有人的关注来填满内心的渴求，而毫不在乎他人的感受。

《天龙八部》里的康敏，她容貌娇美，楚楚动人，实则天性放荡，是一个以自我为中心的自恋狂。在赏花会上，她自以为自己的性感妩媚会征服天下所有英雄,但乔峰却对她视而不见,她便要设计报复乔峰,先后用色相引诱白世镜、全冠清等长老害死自己丈夫马大元,还想毁掉她的情人段正淳。康敏"我得不到的东西别人也休想得到"的话,充分暴露了自恋狂极度自私、无同理心和内疚感的变态心理。

> **自古大乱之世，必先变乱是非，然后政治颠倒，灾害从之。赏罚之任，视乎权位，有得行有不得行。至于维持是非之公，则吾辈皆有不可辞之任，顾亭林所称"匹夫有责焉"者也。**与沈幼丹

曾国藩说，自古天下大乱，首先是人心散乱，是非不分；其次是政治昏聩，官员无节操；接着就是灾害频发。国家治理，最重要的在于赏罚，哪些能得行，哪些不得行，这是由身居高位的人来决定的。但是维持是非之公，你我都有不可推卸的责任，这就是顾炎武所说的"匹夫有责"吧。

社会犹如一艘超级巨轮，需要合理的价值观引导才能有更安全和更美好的航程。如果多数人不再相信"礼、义、廉、耻"，不再相信"爱国、敬业、诚信、友善"，不再相信奋斗是成功的基本路径，社会巨轮就滑向失控的边缘了。当巨轮倾覆时，没有哪层舱比另一层舱更安全，没有哪个人能够独善其身，这就叫"天下兴亡，匹夫有责"。

个人的人生轨迹，是基因和后天环境共同作用的结果。天资的差异、教育机会的差别，任何时代都不可能彻底消除。但每个生命都是独特的，都应该被尊重，都有通过自身

努力和社会支持来释放生命潜能，实现人的全面发展的权利；一个人敢于突破和超越自己就是成功。这就是是非之公的要义。

莅事以明字为第一要义。明有二：曰高明，曰精明。同一境，而登山者独见其远，乘城者独觉其旷。此高明之说也。同一物，而臆度者不如权衡之审，目巧者不如尺度之确。此精明之说。凡高明者，欲降心抑志，以遽趋于平实，颇不易易。若能事事求精，轻重长短，一丝不差，则渐实矣，能实渐平矣。与吴翔冈

在平实中达到高明，就是中庸的智慧。

曾国藩说，同一环境，登山巅者看得最远，登城者能见其宽旷，这是高明之意；同一物体，心里估算不如称量准确，眼光犀利不如器具的测量精准，这是精明之意。凡高明者，想要压抑他的心气，以求快速趋于平实，是不容易的事。若能够在每件事情上都能求得精准，就像把一个物件的轻重长短判断得丝毫不差，那么，就能慢慢踏实了，踏实则平稳。

高明者，能审时度势，能见事物的全貌；精明者，能捕捉事物细节，把握分寸尺度。

高明者，好比广角镜头，关注事物的整体性、同时性，看见部分之间的交互关系；精明者，好比聚焦镜头，关注事

物的结构和序列性。

高明者,有历史观与远见卓识,与一个人的志趣和格局有关,靠后天环境,也靠先天遗传;精明者,熟悉办事的方法、手段和工具应用,靠的是训练和经验。

明,是一辈子的功课。

军事不可无悍鸷之气，而骄气即与之相连；不可无安详之气，而惰气即与之相连。有二气之利而无其害，有道君子尚难养得，况弁勇乎？ 复胡宫保

曾国藩辨"悍鸷"与"骄气"、"安详"与"惰气"。

他说：带兵打仗的人不能没有彪悍凶猛（悍鸷）的气质，但骄气与之相连；不能没有安详的气质，但惰气与此相连。悍鸷而不骄，安详而不惰，有德性的君子也很难达到这种境界，何况一勇夫呢？

"有二气之利而无其害"的人，是极少数，共和国粟裕将军算一个。《粟裕传》说，将军每临大战有静气，可谓"泰山崩于前而色不变"。黄桥战役前夕，将军居溧阳水西村，处理完公务后，仍荷锄下地，或挑水，或锄地，或拔草，或与当地农民闲话桑麻，似乎不知一场大战将至也。有"国军之狐"称号的胡琏也算一个，他有张灵甫的悍鸷，而没有张之骄气。毛主席曾评价胡琏六个字"狡如狐，猛如虎"。

找不到"粟裕"，就给"李云龙"配一个"赵刚"——几个A-可以组合成一个A+班子。

人性实验室：气质与神经递质

多巴胺、血清素、类啡肽是我们大脑中三种主要的快乐物质。如果这些神经递质均衡，调节水平高，人就能适应各种环境，不容易出现认知失调。气质无疑具有生理基础，基因与环境的交互作用塑造了从婴儿早期一直到成年的行为。

有些人，他的大脑中多巴胺神经元组放电水平高于常人，而神经回路的联结会因每一次胜利得到强化，挑战的诱惑让人上瘾。他们就属于悍鸷者，如鹰雕掠食般天生喜欢挑战，享受"把看似不可能变成可能"的刺激，比如商业组织里"李云龙"式的销售干将；有些人，遇危急、遇屈辱、遇诱惑时，他们体内的血清素能够迅速释放，在理智与冲动之间充当信使让大脑迅速实现平衡，表现为从容不迫，镇定自若。他们属于安详气质。

悍鸷伴随骄气，安详与惰气相连，既是生物基因使然，也与后天修炼相关。像粟裕那样"有二气之利而无其害"者，无论在战场、商场、官场，都是凤毛麟角。

敬字、恒字二端,是彻始彻终功夫。鄙人生平欠此二字,至今老而无成,深自悔憾。_{复葛睪山}

敬,最深的用心;恒,经年累月的坚持。

理学创始人之一程颢对"敬"的阐释:比如一个人写字,只是把心全部用在"写字"上,不急迫,不起功利杂念,就是"敬"。如果写字时,还分一份心来想"字写得好不好",便是有了私欲,是谓"不敬"。

现代心理学有一个"心流"的概念,接近"敬"。指的是如国际象棋大师对弈、指挥家执棒、芭蕾皇后"竖趾旋转"时的巅峰体验。但要达"心流"状态,据科学家研究,至少需要"刻意练习一万小时"以上。

所以,曾国藩说"敬""恒"二字是人生"彻始彻终"功夫。

心常用则活，不用则窒，如泉在地，不凿汲则不得甘醴，如玉在璞，不切磋则不成令器。_{复邓寅皆}

心是什么？

儒家的心，是思维的器官，内核是良知良能；佛家的心，是色受想行识的本质，既不在身体里也不在身体外；笛卡尔的心，是与肉体分离的精神实体；认知神经科学的心，是大脑神经元之间的联结回路。

曾国藩"心常用则活，不用则窒"的认识，与现代脑科学理论高度契合。我们的大脑是一台心智计算机，算力取决于神经元之间的连接方式和连接强度，这一方面由基因和胎儿发育决定，另一方面由后天的学习行为塑造。所谓熟能生巧，就是专心的、重复的训练对特定神经网络"重新布线"而使其运行效率更高，即神经科学家所说的"大脑可塑性"。

人性实验室： 大脑用进废退

我们的大脑有近一千亿个神经元（细胞），与我们星系中恒星的数量相当。神经元与神经元连接成神经网络。每个神经元都是超级规模生产线上的员工，不停处理资讯并可以配合5万个神经元发送和接受信息，构成一千亿乘以五万个神经联结的庞大网络。单个神经元并不聪明，但一千亿个神经元在一个不足1400立方厘米的小空间里放电，引发思维的"雷电风暴"——让我们创造出汽车、飞船、互联网、5G，让我们从地球一跃到月球，不断奔向星辰大海。

所以，相对于神经元的数量（新生儿神经元总数比成人多），连接方式、连接数以及连接的紧密程度对脑力的影响才是最重要的，这好比你的社会资源并不取决于你周围住着多少人，关键是你与其中多少人是朋友以及关系的紧密程度。

研究"专家与常人大脑差异"的科学家发现，长时间的专注力训练直接带来神经层面的改变——加强联结稳固性（突触的活性），相当于提高了神经回路传输信息的带宽。比如，小提琴家练习得越久，他左手映射在大脑地图上占的地方就越大（小提琴是左手按弦右手拉弓），与非音乐人士的手大脑地图有好几个地方显著不同。又比如，有一个只有普通人智商的计算天才，可以心算一个数字的9次方或开5次方根，扫描他计算时的大脑，结果发现他能调动超过5处的脑区域来一起计算。大脑完成一项任务时可以调用的皮质区域越多，神经通路带宽越宽，信息传递速度越快，脑力效率就越高，人感觉轻松而充实。这是大脑神经可塑性带来的。

大脑可塑性，还体现在神经系统的自我修复性和抗损坏性，在某一部分损坏的情况下仍然能够完美或者较为正常地工作。比如左脑中风致使右侧肢体偏瘫，可通过康复训练让右脑接管左脑的损坏区域功能，使患者右侧肢体恢复健康。科学家认为，这是因为大脑有大量的"冗余线路和备份设备"——脑中的神经元非常地多，而且功能可以相互代替。

敬字唯无众寡、无小大、无敢慢三语，最为切当。 复葛睪山

真正的君子，会融入集体里劳作和创造，通过"求仁"来实现自我身份的转化与认同。所以，君子对人没有差别心，不管人数多寡，不管势力强弱，都是一样的态度——不跋扈也不怠慢。曾国藩认为，用这个来衡量"敬"是最切当的。

在今天，一名管理者能够做到：对上，尊而不媚，服从组织而非个人；对下，近而不无礼，用人所长；对工作，用心；对规则，戒惧；对新事物，好奇。——就是修行"敬"的功夫。

趋时者博无识之喜，损有道之真。与许仙屏

迎合潮流，博得的是无知的欢喜，损害的是君子的德性。

曾国藩老实人做老实事，一守初心——坚定自己想要的，不迎合别人，不赶时髦；二守"拙"——做事不走捷径、用"笨"办法。

世风不古。今天很多专业人士也采用"流量手法"，不惜迎合民众情绪而大放厥词或噱头表演，最后终成"砖家"。

注： 许振祎（1827—1899），字仙屏，江西省奉新人。曾国藩资深幕僚，官至广东巡抚，善楹联。赤田镇田岗咀头有许仙屏故园，内异树奇石、画栋雕梁，建筑极尽精美。

唯忘机可以消众机，唯懵懂可以袯不祥。复胡宫保

机，用于人的心理活动时，通常有两种意思：一是指先天的灵性，如灵机一动、神机妙算；二是指诡诈的心术，如枉费心机。前者含褒义，后者是贬义，本质上都是人与环境互动时大脑的生物运算。

社会环境愈恶劣，竞争压力愈大，"心机"算法愈复杂。中国经历了漫长的农业社会，从鬼谷子的捭阖纵横，到孙膑的诡道兵法，再到讲帝王之术的《资治通鉴》，"心机"无处不在，已经成为一种文化符号。

曾国藩、胡林翼对人性的洞察是深刻的，对官场的"心机"可以说熟稔于心。但他们为何说"唯忘机可以消众机"？其算法高明在哪里？因为一个群体内的压力很大程度来自权威。权威心机愈重，成员感觉愈不安全。为了保全自己，个体的能量仅仅被用作最低层次的生存，创造性被大大抑制。

今日的国企，企业的底色还是儒家的。那么，领导如何"忘机以消众机"？

第一，光明磊落，守底线，有担当。领导自己的心镜干净明亮，员工"心机"的染污自然随物显形，无处可藏，

"众机"自然可消。

第二，给员工以安全感和归属感。这是一个系统工程，没有速成的功夫。如果能够把"党建融入生产"的精神学深悟透，因地制宜，有一两年的时间是可以做到的。

第三，提升工作的意义感和掌控感。比如远程办公的灵活打卡，灵活安排工作时间；给予员工决策权，充分释放他们的活力和创造性。攻坚克难，还是那帮人。

> 军中阅历有年，益知天下事当于大处着眼，小处下手。陆氏但称先立乎其大者，若不辅以朱子铢积寸累功夫，则下梢全无把握。_{致吴竹如}

"大处着眼"必须要有"小处下手"协同，方能彰显中庸的智慧。

马谡失街亭，让诸葛亮出祁山战略成为"空城计"；假如塔山丢了，可能辽沈战役乃至整个解放战争都会是另一个结果。塔山阻击战中，林彪下手的小处：叫善于打硬仗恶仗的四纵副司令胡奇才下到12师指挥，让塔山那个百十户人家的小村庄成为坚固堡垒，硬是让10万国民党军队没能前进一步。

林彪将军打仗非常精细。战前，他都要在地图上一点一点地计算；战后，要求把歼敌数、缴获数、伤亡数精确到个位数报上来，每个班都要报。然后根据数据做分析，做反推，以验证战前方案，总结不足。

古往今来，能成就一番事业的人，无疑不是"大处着眼、小处下手"。没有志向和目标的生活只是不知为何的终日忙碌；没有足履实地和铢积寸累，理想只是一场白日梦。

注： 陆氏，陆九渊（1139—1193），讲学于江西象山书院，人称陆象山，心学祖师。主张治学"当先识义利公私之辨"，即使一字不识，也可以堂堂正正做个人。所以，治学应"先立乎其大"——"大纲提掇来，细细理会去。如鱼龙游于江海之中，沛然无碍"。这就是陆九渊"尊德性为宗"与朱熹"道问学为本"的分歧之处。

朱熹（1130—1200），字元晦，比陆九渊大9岁，程朱理学集大成者，后世尊称为朱子。朱熹编撰的《大学》《中庸》《论语》《孟子》四书成为科举标准。朱熹主张"穷理"，一直穷到整个宇宙，竭力注重"涵养需用敬"，强调"铢积寸累"功夫，不赞成有所谓心体，一说心体便落空渺茫了。——这与陆王心学根本对立。

前曾语阁下以"取人为善，与人为善"。大抵取诸人者，当在小处、实处；与人者，当在大处、空处。_{复李申夫}

"取人为善，与人为善"出自《孟子·公孙丑上》，意为吸取别人的优点来自己行善，就是与他人一道行善，这是君子最高的德行。

比如唐代刺史李泌引西湖水开凿六口井，让杭州百姓用水充足；接着白居易疏通西湖与运河而灌溉良田千顷，百姓因此殷实富裕；后来苏东坡开浚西湖而造福子孙后代；一千年后，邓公从小岗村18个农民"大包干"做法中，总结出可以推广到全国的"家庭联产承包责任制"，让亿万人民富起来……都是"与人为善"。

"取人为善，与人为善" 是人性的自觉，是管理的正道，是社会治理的最高智慧。曾国藩做了进一步的阐释：

第一，取人为善者，在小处实处。比如，他从那些自律的翰林同仁身上检讨自己睡懒觉，仿效倭仁学习记日记之法，以朱子之书作为日课等，就是要从具体的事情上去汲取别人的优点。

第二，与人为善，在大处空处。管理者应当从基层实践中吸取营养进行理论创新，然后总结推广，让更多人获益；工作重心放在人才培养、营造良好的工作氛围和意识形态管理上面。

注释：李榕（1819—1890），字申夫，四川剑阁人，曾国藩得力助手，天资高，小时候有"圣童"之誉，官至湖南布政使。为官清廉，为人正直。

治心治身，理不必太多，知不可太杂，切身日日用得着的，不过一两句，所谓守约也。 复李申夫

曾国藩对李榕说，修身养性（知心治身），不必要太多的道理和庞杂的知识，真正跟自己相关的、时时用得着的也就一两句话，牢记在心，日日践行，这就叫守约。

今天，科技日新月异，知识浩如烟海。但是大脑的学习机制没变，教育的常识没变，因为人性没有变。所以，古人的智慧值得我们继续传承和弘扬，比如修身之书《曾文正公嘉言钞》。

骄惰未有不败者。勤字所以医惰，慎字所以医骄。此二字之先，须有一诚字以立之本。 与李申夫

治"骄"靠谨慎，治"惰"靠勤劳。但前提是，你必须要有诚意。

何为诚？

诚，是不自欺。所以，必须回归自我，内观自我，才能看见自己的心（现代心理学叫放下防御）。

诚，是敢于正视自己性格的缺陷，敢于挑破心灵的疮疤，然后才可以疗愈。

诚，是敢于正视自己的欲望，并加以管理——将欲望升华为志向，真正融入集体里劳作和创造，在主体性与共融性的更高平衡中释放生命的潜能。

大局日坏，吾辈不可不竭力支持，做一分算一分，在一日撑一日。致沈幼丹

曾国藩与沈葆桢（字幼丹）都是儒家士子，有相同的文化基因——捍卫道统，抱匡扶济世之志，怀忧国忧民之心。所以，曾国藩说，尽管"大局日坏，吾辈不可不竭力支撑"。

"吾辈"指什么？身份的认同。

大清王朝靠曾国藩一帮士子，又撑了几十年。

注：沈葆桢是林则徐的二女婿，之前就在曾国藩军中效力，后回家侍亲。曾对沈十分赏识，称其"器识才略、实堪大用"。咸丰十年（1860）初，江南大营被太平军攻破，苏锡常等江南重镇沦陷，安庆战局僵持，王朝危急。三月，朝廷加曾国藩兵部尚书衔，署理两江总督，授钦差大臣。五月，曾国藩再次请沈葆桢出山相助，并已奏调沈葆桢赴安庆大营。第二年，曾国藩破格举荐沈葆桢出任江西巡抚。

收之欲其广，用之欲其慎。大抵有操守而无官气，多条理而少大言，本此四者以衡人，思过半矣。

致李黻堂

这是曾国藩写给时任江西布政使李桓（号黻堂）的信，指导他应如何选拔财税（厘金）官员。梁启超把它扩展为用人的四条标准：有操守、无官气、多条理、少大言。前两条是品行，后两条关乎能力。

有操守、无官气：操守，是立人之本。关键时刻站得住立场，守得住底线；无官气的人多干实事，而打官腔者多浮华，不能担当。这属于三观层面，不是读几本书、上几堂管理课可以解决的。

多条理、少大言：办事有条理，意味着一个人思维缜密、逻辑清晰，危急时刻少慌乱；能迅速抓住问题的要害，并能用简洁的语言表达出来。而大言者，往往是用正确的废话掩盖自己的无知。能否把复杂的问题简单化，反映一个人的洞察力。

具备这四条的干部，可堪重用。

后面三条，可以从日常掌握大致情况，而第一条"有操守"，需要一定时间和关键事件方能甄别，因为人性复杂——一个人的心机和善行往往不在同一场景出现。当年晋商分号的掌柜,都是从内部培养选拔的。学徒四年后最后一个考察项目,是让他去收货款——一个人独自在外地没人监督,看他是否拿手中钱去花天酒地。这一关过了,业务能力也优秀的,就可以任用。一个人在钱、色上经得起诱惑,就是有操守。

观人之道，以朴实廉介为质。有其质，而更傅以他长，斯为可贵；无其质，则长处亦不足恃。复方子白

有一个"淳朴诚实，清廉耿介"的人格内核，再有其他长处的人才，就极为可贵了；没有这样的本质，即使有特长，也是不可以依赖的。用今天的话说，德才兼备堪大用，有才无德不能用。

当年陈毅元帅给飞行员解释"又红又专"：如果政治上靠不住，你飞行技术再好，随时有可能叛逃；政治上可靠，但技术不行，上天就有可能掉下来，我也不敢乘坐你的飞机。政治上忠诚，飞行技术一流，就是又红又专。

朴实廉介者，有稳固的三观，是先天遗传和后天环境共同塑造的。如何观人"内核"，曾国藩靠一双慧眼，今人靠基因测序加360度考察。但所有方法都不绝对可靠，因为人性复杂。比较可靠的，是看关键时刻的表现，因为潜意识的行为是无法伪装的。

求才之道，须如白圭之治生，如鹰隼之击物，不得不休。又如蚨之有母，雉之有媒，以类相求，以气相引，庶几得一而可及其余。复李黻堂

要求得人才，须得用白圭经商（治生）赚钱那般智谋，像鹰雕捕食般勇猛精准，不达目的绝不罢休。但凡有些本事的人更容易被同类的气场所吸引，所谓物以类聚人以群分。所以曾国藩指导下属用"蚨之有母，雉之有媒"的方法，先"猎"住一个，然后让他们"以类相求、以气相引"，其他的人才也就可以得到了。

曾国藩用了四个典故来阐述如何网罗人才，可谓求贤若渴。他的幕府中，有候补官员、法学家、数学家、天文学家和机械师等各类人才，幕僚总数前后近500人，俨然一个稷下学宫。

欲经营天下，必先经营人才。

1945年秋，共产党做出"向北发展，向南防御"的战略决策，抽调陕北和其他根据地最得力干部八千余人赴东北，这在以往的革命历史上，是没有先例的。现如今，中华民族伟大复兴进入关键阶段，中国更要"聚天下英才而用之"。

注释：白圭，战国时魏国相、大商人，富可敌国，相传师从鬼谷子，其经商赚钱的智慧勇气不输治国治兵之人。司马迁称赞白圭"趋时若猛兽鸷鸟之发"，意思是说白圭在捕捉商机时就像猛兽和鸷鹰扑向猎物那样迅猛而精准。

蚨之有母：传说青蚨生子，母与子分离后必会聚回一处；雉之有媒：猎人驯养的雉，用它来招引野雉，称为雉媒。

凡沉疴在身，而人力可以自为主持者，约有二端：一曰以志帅气，一曰以静制动。人之疲惫不振，由于气弱，而志之强者，气亦为之稍变。如贪早睡，则强起以兴之；无聊赖，则端坐以凝之。此以志帅气之说也。久病虚怯，则时时有一畏死之见，憧扰于胸中，则梦魂亦不甚安恬。须将生前之名、身后之事与一切妄念铲除净尽，自然有一种恬淡意味，而寂定之余，真阳自生。此以静制动之法也。复李雨亭 启超按：此问疾书也，摄生要诀，尽人皆当服膺。

李宗羲（号雨亭，重庆开州人），曾国藩幕僚，咸丰九年出任安庆知府，不久因病辞官，在家养病两年多。复出后先后任两淮盐运使、山西巡抚，最后官至两江总督。

这封问疾书写于咸丰十年七月。曾国藩在信中鼓励李宗羲要调动自己的力量持养生命。疗愈之法有二：一是以志帅气，二是以静制动。总的来说，就是要意志坚强，郁闷、空虚时就端坐冥想，用意念祛除忧虑和恐惧；要"看淡"人生——把功名利禄统统抛弃，慢慢有种恬淡意味，进入寂定之境后，生命的能量自然释放（真阳自生），身体就能康复。梁启超在指出，这里此问疾书乃养生要诀，值得众人信奉。

今天，可能有些人（尤其西医）会觉得曾国藩的治病方子太虚。但曾国藩"端坐、寂定"之法，与现代心智科学里的冥想如出一辙，目的是将杂乱无序的情绪，从无意识的迷茫中解放出来。气定，则不再干扰五脏六腑的正常运行，机体自然可恢复生机。北京大学心理与认知学院有一个正念实验室项目，这方面已有一些研究成果。

人性实验室：冥想影响身体健康

神经可塑性领域的杰出人物、冥想科学奠基人理查德·J.戴维森（《大脑的情绪生活》作者）等科学家，经过多年研究发现，冥想可以增强认知能力，带来情感上的好处，进而惠及全身。

其一，治疗焦虑和抑郁，改善睡眠。研究发现，减压效果明显的冥想训练者大脑中负责处理恐惧情绪的杏仁核的体积会缩小（杏仁核是大脑探测危险的雷达），与情绪相关的神经网络会发生改变。

其二，减轻炎症和慢性疼痛，延缓细胞衰老进程。资深冥想者进行一天的高强度正念冥想训练，可以减少与炎症相关的基因的活性，并改变相关促进或抑制基因的酶的功能。在冥想训练结束时，心理减压效果最明显的冥想者其端粒酶活性更高一些。这表明，正念冥想训练或会减缓某些冥想者的细胞衰老进程。

其三，增强幸福感，迎接更有挑战的工作。资深冥想者大脑中与注意力有关的区域的活跃度比普通人更高，他们可以轻易地达到聚精会神的状态，类似音乐家和职业运动员在台上的最佳状态。

科学家说，冥想可能会影响大脑皮层厚度随年龄增加而变薄的趋势。冥想之所以能够改善大脑功能和物理结构，是因为我们的大脑具有神经可塑性，比如小提琴演奏者大脑控制手指活动的区域会随着时间而日益变大，与非音乐人士的手大脑地图很多区域都不同。正如神经科学家拉玛·钱德朗所说，思想的力量可以影响身体健康，当打坐冥想到忘我的境界时，可以关闭身体疼痛的闸门。

吾辈读书人，大约失之笨拙，即当自安于拙，而以勤补之，以慎出之，不可弄巧卖智，而所误更甚。

复宋子久

曾国藩对自我身份高度确认——读书人，并且明白"读书人，大约失之笨拙"。所以安于拙，做人做事不敢走捷径（弄巧卖智），而以勤奋加谨慎去弥补和超越自身的不足。

没有天赋异禀的普通人，通过自我探索，努力倾听内心的诉求，看见自己的不足，然后"以勤补之，以慎出之"，变成更好的自己，就是懂得了天命。

人性实验室：智力与成就不成正比

科学家通过大量测试数据发现，人类智商呈正态分布（均值100、标准差15）。智商在85—115之间的概率约70%，115—130之间概率占14%，130—145之间概率约2%，大于145约占0.1%。可见，世上绝大部分都是普通人。

1921年，美国心理学家特曼进行一项名为天才计划的实验，他筛选出1200名智商140以上的天才少年，由美国政府为这群孩子提供最优质的教育（类似中国科大少年班），期望从中诞生下一个爱因斯坦或者牛顿。然而，大多数孩子长大后，从事着海员、档案员、打字员等普通工作。少数获得不错成就的，是那些意志坚强，能够持之以恒的人。特曼最后得出结论：无论从哪方面看，我们距离发现智力与成就的完全相关性还很遥远。

　　基因与成就，好比小说与电影——同一部文学名著，不同的导演、演员可能拍出完全不同的电影来。

平日非至稳之兵，必不可轻用险着；平日非至正之道，必不可轻用奇谋。_{复胡宫保}

曾国藩与胡林翼论兵机。平日里不是训练有素、扎实可靠（至稳之兵）就不要轻用险招；平日里不是施行最朴实、最纯正（至正之道）的策略，必不可轻用奇谋。

曾和胡都善于从实战中总结经验，尤其注重将传统文化和兵家思想相结合，形成了一套有湘军特色的治军思想和战术方法。蔡锷将军对此十分推崇，编辑成《曾胡治军语录》（也是黄埔军校的教材）。

战场对决，受兵力、粮饷、战术以及天时地利等诸多因素影响。在关键时刻，将帅的性格往往决定胜败。林彪和粟裕都是"战神"级的指挥官，林彪有七分胜利把握就下决心打，而粟裕有五成就敢打，都能打胜仗。兵无常势，因为关内和关外的战场环境不同，两人的战阵指挥自然也会有所不同。

治军以勤字为先，实阅历而知其不可易。未有平日不早起，而临敌忽能早起者；未有平日不习劳，而临敌忽能习劳者；未有平日不忍耐饥寒，而临敌能忍饥耐寒者。吾辈当共习勤劳，先之以愧厉，继之以痛惩。 复宋子久

战场上，生与死在一线之间，士兵的动作（对环境、命令的反应）靠"程序性记忆"自动运行——犹如驾驶汽车一样，见到弯道要转方向盘，遇障碍踩刹车。这就需要日复一日、年复一年的训练，让"早起、习劳、忍饥耐寒"成为习惯。

将士的战力，一是技能，二是意志。技能靠训练，意志靠一以贯之的思想教育——忠义仁勇的信念和家国情怀（愧厉），同时对违纪者要严厉惩戒（痛惩）。

阅历世变，但觉除得人以外，无一事可恃。复方子白

"除得人以外，无一事可恃。"这句话，有着深刻的历史背景。

咸丰十年九月，英法联军攻陷北京、火烧圆明园（第二次鸦片战争），咸丰皇帝带着后宫和一帮亲王大臣亡命热河。内忧（太平天国）外患（西方列强），王朝风雨飘摇，有人提议迁都西安。而曾国藩认为"中兴在乎得人，不在乎得地"，并列举了从晋到宋若干朝代迁都案例，有迁都后振兴的，有迁都灭亡的。一句话，没有贤君能臣，迁不迁都都是亡国。

这句话，彰显曾国藩的远见卓识、自信与历史担当。

社会进程中，人无疑是最重要的因素。人类从狩猎与采集时代走来，从无数自然的和社会的灾难存活下来，并创造出今日的文明，靠的还是人的自我救赎，靠的是那些造时势的圣贤豪杰，如曾国藩，如毛泽东，如邓小平。

> 大抵世之所以弥乱者，第一在黑白混淆，第二在君子愈让，小人愈妄。_{复胡宫保}

如果人体的正气不足，邪气容易入侵，机体就患病；一个组织，如果小人公开跳出来混淆黑白，就离衰败不远了。

曾国藩鏖战太平军数年，呕心沥血，身心疲惫，还要承受"宫里"对他的猜忌（担心尾大不掉），一有事情便有人出来指责他。这种愤懑，也只能跟胡林翼（胡宫保）这样的挚友说说。

原来，湘军一个将领叫李金旸，血性彪悍，带兵简单粗暴。在一战役中被俘但死不投降，太平军"因惜好汉，故而放回"。李有一手下张光照因被其责罚过而记恨在心，便指告李金旸率众降贼。朝中一些人借此非议。曾国藩以"未战先逃，诬陷主将"的罪名将张光照处决。

曾国藩直接杀掉诬陷上司的小人，就是向世人表明他激浊扬清、匡扶正气的决心。

主气常静，客气常动。客气先盛而后衰，主气先微而后壮。故善用兵者，最喜为主，不喜为客。复刘馨室 姚秋浦

曾国藩"从实践中来，到实践中去"——将理学的方法论与治军实践相结合进行理论创新，然后用以治军。他的"以主客论战守"，可谓别出机杼。

当时太平军的野战能力很强，总想跟湘军决战。为了避免跟敌人硬碰硬，曾国藩亲自编写《扎营六条》，要求部队每到一地，选择险要地势扎营，然后挖宽壕沟，筑起高墙，把自己保护起来，养精蓄锐，诱惑敌人来攻，即"以静制动""以主待客"。即使到了后期攻克大城市的战略决战阶段，湘军依然是一道一道地挖沟，挖很宽的沟，以此阻断敌人供给，待其弹尽粮绝一举攻克。曾国荃围攻南京一年多时间里，多数时间是在挖战壕、掘地道。

曾国藩的"主客"作战理论，是在实战中总结出来的。翻译成战术就是"结硬寨、打呆仗"。

专从危难之际，默察朴拙之人，则几矣。复姚秋浦

曾国藩指导下属说：在危难中，去暗暗地考察那些质朴、敦厚之人，你识人的功夫就差不多到家了。

曾国藩有一套识人之法叫"冰鉴"，从鉴骨、鉴相、鉴音到鉴神、鉴气。但这些方法都不完全可靠，因为人性太复杂，一个人的"善意"与"心机"往往不在同一时间出现。最可靠的，还是关键时候看一个人的行为。巨大诱惑面前，生死攸关时刻，比拼的是意志，是三观，能过关的就是值得倚重的人。

朴拙之人可倚重，浮滑之人用其长处，以下几种人要远离：

第一，贪小利者，最易因钱被人算计，或背叛组织，或出卖朋友。

第二，偏执者，这种人心中有"火山"，愤怒的烈焰随时可能喷发，给组织惹祸。

第三，无边界者。共生的巨婴心态，总是试图突破别人的心理边界。一旦被缠上，不死也得脱层皮。他掉进粪坑，你伸手拯救他，而他要把你拖下去一同毁灭。

信，只不说假话耳，然却极难，吾辈当从此一字下手。今日说定之话，明日勿因小利害而变。复李少荃

外放上海任职十多天的李鸿章（号少荃）给老师写信汇报工作说："最难者夷（洋）务。"曾国藩回信说，处理洋务根本的不外乎"忠信笃敬四字"（无欺诈言行、厚道、谦慎）。信，不说假话，但要做到很难，我们都应当从这个字下手。今天说定了的话，明天不要因为一点小利小害就改变。

李鸿章从一介书生到"晚清第一重臣"，离不开曾国藩的精心培养，正如他自己所说"鸿章从游几三十年，尝谓在诸门人中受知最早、最深，亦最亲切"。李鸿章刚入幕府曾国藩就很赏识他，认为"其才可大用"，但清楚李性情不稳，妄自尊大。为了磨砺他，曾国藩是用心陶冶其性情，尽力雕琢其品行。从训练早起，到起草公文，到参与重要军机……无一不严格要求。曾国藩任两江总督后，就派李鸿章回安徽组建淮军、驰援上海（与洋人一起会防上海，为曾国藩筹措军饷），稍后即保举李鸿章任江苏巡抚，从此李鸿章的事业"隆隆直上"。

在李鸿章的人生中，老师曾国藩是真正懂得他的人——曾评价他的两个得意门生说"李少荃是拼命做官，俞荫甫是

拼命著书"。师徒二人，以善相养，投桃报李，薪火相传（两人书信中处处可见），成就一段历史佳话。

曾国藩与李鸿章，都是读书人，都是高人，但两人又不同。曾的理想是做圣人，底色是儒家的、学术的，一生"深守知止知足之戒，常以急流勇退为心"；李的志向是"封侯拜相"（20岁做诗：一万年来谁著史，三千里外欲封侯），底色是事功的、权力的，所以拼命做官，拼命做事。梁启超说李鸿章"无论若何大难，皆挺然以一身当之，未曾有为难退避之色"。

曾国藩与李鸿章，一圣贤，一豪杰。

注：夷务，与洋人交往之所以叫"夷务"，因为中国古人把中原以外的都称为"夷类"（南蛮北狄西戎东夷），认为"夷类"野蛮、近似禽兽，不用以"礼"相待。1860年（第二次鸦片战争）英法联军攻陷北京，烧毁了皇帝的别墅即圆明园。与其他侵略者不同的是，洋人并非要推翻清王朝而是通商赚钱。曾国藩也未办过洋务，但是在与洋人的交往中，他发现除相貌不同外，他们行为举止并无怪异，做事也讲原则，这让他对洋人的看法发生根本性改变，既然洋人也是你我一样的人，那就可以"忠信笃敬"原则与之交往。这就是

曾国藩的厉害之处。可惜，当时有这种见识的人太少了。

洋人也是人，西方也有文明。这在今日是小孩子都明白的事情，但一百七十多年前，连学富五车的大学士都不愿意承认。面对千年未有之大变局，满朝亲王重臣囿于"章句"狭隘之义，死守"天朝上国"而苟安，清王朝被淘汰只是迟早的事。

爱民乃行军第一义，须日日三令五申，视为性命根本之事，毋视为要结粉饰之文。 复李少荃

曾国藩对刚带兵的李鸿章说，爱民是行军的第一要务，必须天天三令五申，要把它作为性命攸关的大事来抓，而不是做给人看的面子文章。

曾国藩将仁爱之道运用于带兵打仗。从《讨粤匪檄》可以看出湘军的正义性：第一是救民于水火；第二，是捍卫儒家文化；第三，忠君报国。这也是湘军与绿林军、八旗军最大不同之处。仁义之师，所以要"视爱民为性命根本之事"。曾国藩亲自编写《爱民歌》："三军个个仔细听，行军先要爱百姓。……第一扎营不贪懒，莫走人家取门板。……"几十年后，曾国藩的同乡毛泽东，在《爱民歌》基础上编写成《三大纪律八项注意》，成为人民军队的显著标志。

"爱民"，除政治教育意义外，还关乎军队的战略能力——兵员、粮饷、情报都来自民众。当年淮海战役，解放军兵力60万人，但参与支援的群众就有200多万人，所以陈毅说，淮海战役的胜利是小推车推出来的。

> 词气宜和婉，意思宜肫诚，不可误认简傲为风骨。风骨者，内足自立、外无所求之谓，非傲慢之谓也。_{复李少荃}

风骨者，内足自立，外无所求。

风骨，不是博取眼球的自恋表演，而是自我身份确认的自由洒脱；不是防御内心匮乏的优越感炫耀，而是内心富足的自然流露；不是在旷野里孤独地迎风傲立，而是真正成为集体一员的从容。

风骨，源自内心的富足。每个人出生就开设了一个"心理账户"，随着一次次爱的收获体验，个体内设了一个友善的外部世界，内在财富和力量感得以建立，这种感觉在成年后就成为体验幸福和爱的能力。即使当下不如意，也能自强自立地从容生活；相反，如果婴儿期没有建立安全的依恋关系，或童年遭受创伤，或经历较多的负性情绪体验，就可能导致其内心匮乏，产生无力感，对外体现为与环境的疏离和对他人的冷漠，事业和金钱也只能带来短暂的满足。填补无意识的匮乏，需要长时间的自我探索和自我疗愈。

注：肫诚，真诚；简傲，士族阶层的高傲。

> 养身之道，以"君逸臣劳"四字为要。省思虑，除烦恼，二者皆所以清心，君逸之谓也。行步常勤，筋骨常动，臣劳之谓也。复李希庵

中医有"君臣佐使"的方剂配伍原则，曾国藩有"君逸臣劳"（心神为君，躯体为臣）的养生之道，中国文字博大精深。

所谓"君逸"，即心神宽逸——少思少想，除烦恼，让大脑休息；所谓"臣劳"——勤锻炼，多走路，常拉筋，让躯体劳顿。

但是，除烦恼最难。烦恼虽是外在刺激引发，但根源在于我们内在的冲突——用心智科学家的话说，自我是由多个"我"组成的，如果我们自己的某些部分跟自己分离了，它们就成了没有归属的"小人"，便成天吵闹不休。

所以，除烦恼，根本在于回归自我、内观自我、整合自我。常见方法：

其一，自我探索（如曾国藩记日记）；

其二，寻求专业心理帮助；

其三，冥想或太极。

对于普通人（轻度烦恼），每天有氧运动锻炼40分钟以

上，出出汗、红红脸；少刷屏，多看书；定期约朋友喝喝小酒、聊聊风月，都可以增强对烦恼的免疫力。

用兵之道，最重自立，不贵求人。驭将之道，最贵推诚，不贵权术。_{复李少荃}

"用兵之道，最重自立，不贵求人"彰显曾国藩自强自立的主体性；"驭将之道，最贵推诚，不贵权术"体现曾国藩带领团队的智慧。

领导力的核心是影响力，是下属被感动后心悦诚服的追随。因为，诚是人性底层的需要。包括创造性在内的良知良能，只有在被爱、被尊重的环境里才可能最大程度激发出来。当年的刘邦与汉初三杰——张良、萧何、韩信，虽是领导与被领导的关系，政治观点也有分歧，但刘邦对他们总体上是真诚平等相待的，自然就得到了他们的衷心拥护，出谋献策、攻城略地都在所不辞。相反，如果把下属当可奴役的工具，众叛亲离是早晚的事。

职场老手曾国藩依然认为"诚"最可贵，是因为他明了人性。相比而言，他的学生李鸿章对权术的使用要惯熟得多。

吾辈位高望重，他人不敢指摘，唯当奉方寸如严师，畏天理如刑罚，庶几刻刻敬惮。_{复李希庵}

曾国藩委婉地批评下属李续宜（号希庵）说，我们这些人位高望重，他人不敢指摘，唯当自律，应该以自己的良心（方寸）为严师，惧怕刑罚那样惧怕纲常伦理（天理），这样或许才能时刻保持敬畏感。

良心，人类同有的道德良知，即孔子说的"仁"；天理，为顺应人性而建立的道德准则和行为规范——义、礼、智、信。

尊从良心，敬畏天理。生而为人，所以自觉。

凡办一事，必有许多艰难波折，吾辈总以诚心求之，虚心处之。心诚则志专而气足，千磨百折，而不改其常度，终有顺理成章之一日。心虚则不动客气，不挟私见，终可为人共亮。与程尚斋

这封信是曾国藩写给他的下属——两淮盐运使程桓生（字尚斋）的。盐运是财政的重头，是军饷的主要来源。在那个年代，这是个十分辛苦和危险的差事。如何办事，曾国藩说"诚心求之，虚心处之"。

诚心求之。这个事情是我内心真正想要的，外力不能轻易动摇。心诚，能调动你所有的能量，集中你所有资源去努力接近这个目标，即使遇到困难也初心不改（不改其常度），事情终究会朝着你想要的方向发展而水到渠成。

虚心处之。一件事情之所以变得复杂难办，除客观原因外，往往是办事者先入为主甚至偏狭（偏狭与浅薄是一对孪生兄弟），以致认知失调，动作变形。如果能以空明的心境置身于事情之中，不做任何预设，就事论事，就能洞察出问题的本质，找到解决问题的方法，最后也会得到群众的理解（为人共亮）。

诚心与虚心，处理复杂问题的不二法则。

大抵任事之人，断不能有誉而无毁，有恩而无怨。自修者，但求大闲不逾，不可因讥议而馁沉毅之气。衡人者，但求一长可取，不可因微瑕而弃有用之才。苟于峣峣者过事苛责，则庸庸者反得幸全。 致恽次山

曾国藩说：做大事的人，绝对不能只要赞誉没有诋毁，只有别人的感恩而没有责怨。从自我修养看，但求在道德节操上不越界限，不可因别人的讥讽议论而丧失沉稳坚毅之气；看别人，但取一技之长，不可因为瑕疵而放弃有用之才。假如对刚直的人才过分苛求，而成全的可能都是庸碌之人。

这段话说了三层意思：

第一，一个做大事的人，一定有人说好，有人说不好，有感恩的也有责怨的，没有人能做到让所有人都满意。领导如此，父母如此，曾国藩亦如此。

第二，对待己身。一个领导要知敬畏，守底线（大闲不逾），用规矩和纪律构建"防火墙"，同时要时时把组织利益、员工福祉放在心间，勇于担当，问心无愧，闲言碎语随它去。

第三，对待下属。要用人所长，不能以偏概全，不能求全责备。否则，团队里的可能都是庸庸无为之人。

事会相薄，变化乘除，吾尝举功业之战败、名誉之优劣、文章之工拙，概以付之运气一囊之中，久而弥自信其说之不可易也。然吾辈自尽之道，则当与彼赌乾坤于俄顷，校殿最于锱铢，终不令囊独胜而吾独败。复郭筠仙

中国人把不确定性叫做运气。我们生活在一个非线性的世界里，运气与人生如影随形，小到个人交友、婚恋、工作，大到组织的成败兴衰，无不如此。事件越宏大，时间跨度越长，不确定性越大。

同治三年（1864）三月。南京战局成焦灼状，下游江西吃紧但无兵可派，而此时沈葆桢又断了曾国荃的粮饷。黎明前的黑暗让曾国藩备受折磨，所以有"事会相薄，变化乘除"之感叹。面对不确定的未来，曾国藩要与运气搏一搏，"赌乾坤于俄顷，校殿最于锱铢"，他不相信运气总是不好。这一次曾国藩赌赢了——两个月后湘军曾国荃部攻克南京城。

"终不令运气独胜而吾独败"，是生而为人的自觉，是生命存在的意义。

注释：殿最，评比，较量政绩军功高下。

大非易辨，似是而非难辨。窃谓居高位者，以知人、晓事二者为职。知人诚不易学，晓事则可以阅历黾勉得之。晓事，则无论同己异己，均可徐徐开悟，以冀和衷。不晓事，则挟私固谬，秉公亦谬；小人固谬，君子亦谬；乡原固谬，狂狷亦谬。重以不知人，则终古相背而驰。故恒言以分别君子、小人为要，而鄙论则谓天下无一成不变之君子，无一成不变之小人。今日能知人、能晓事，则为君子；明日不知人、不晓事，即为小人。寅刻公正光明，则为君子；卯刻偏私晻暧，即为小人。故群誉群毁之所在，下走常穆然深念，不敢附和。复郭筠仙

先说说曾国藩"知人晓事"这句话的时代背景。

清朝进入同治统治时期（即第二次鸦片战争后），中国遭遇"几千年未有之大变局"，被迫打开国门，洋务运动兴起。但清王朝的治理能力和治理体系严重落后于世界，仍有很多人不愿"睁眼看世界"，一味地认为西方技术只是"奇技淫巧"，拒绝接受新事物和学习新技术，在铁路、机器制造、电报、海关、对外关系等大事上愚昧昏聩，颠顶行事，

笑话百出。

所以,曾国藩认为高级管理者最重要的事情是:知人和晓事。

第一,知人确实不容易学(曾国藩"冰鉴"之功主要是天赋),晓事可以通过教育和经验获得。

第二,晓事,懂得事物的基本原理,明白事情处理的基本方法。无论别人与自己观点相同或不同,都可以在做事的过程中慢慢开导他们,借以达到和衷共济的效果。

第三,天下没有一成不变的君子,没有一成不变的小人。能知人能晓事,则为君子;不知人晓事,则为小人。

第四,大的错误容易辨识,似是而非难以分辨。所以,对于众人赞誉或诋毁的人和事,要深思,不轻易附和。

曾国藩用能否"知人晓事"来分辨君子小人的观点十分新颖,与一百多年后邓公的"黑猫白猫"论有异曲同工之妙。

今日,一位"知人晓事"的领导:第一要想做事,敢于担当;第二要懂得管理的常识,能够应用AI、大数据等技术提升治理效率。第三,要合理用人,专门的事用专门的人才。

国藩昔在湖南、江西，几于通国不能相容。六七年间，浩然不欲复闻世事。然造端过大，本以不顾死生自命，宁当更问毁誉？以拙进而以巧退，以忠义劝人而以苟且自全，即魂魄犹有余羞，是以戊午复出，誓不返顾。_{复郭筠仙}

这封信是曾国藩写给他的知己、亲家郭嵩焘的。

曾国藩说，他之前在湖南、江西时，几乎是到了全国不能相容的境况。咸丰六七年间，真想浩然归隐不问世事。然而开端过大（练军讨匪），本是不顾生死开创事业，又岂能在乎名声而退出呢？如果以拙进而以巧退，劝别人忠义行事而自己苟且偷生的话，我的魂魄都会留有羞耻。所以，在戊午（咸丰八年）复出，誓不回头。

郭嵩焘见识广博，品性刚直，对官场弊端嫉恶如仇，与其上司多有不合（同治五年便罢官回籍）。这封信的时间是同治四年正月，此时郭嵩焘在广东巡抚任上，因为蒙受诬毁，心情抑郁。所以曾国藩写信劝慰他，用自己当年身处江西时的困境类比，劝他要静下来，专心勤勉，以等待机会，不要轻言"赋归"。否则，人"身"得以苟全，而"魂魄犹有余羞"。

后世评价曾国藩是"事功、立言、立德"千古一人。但是，成圣的背后是九死一生的肉体与精神的双重磨难——三次险些丢掉性命，数次陷入政治泥沼。其中，最为困苦要数咸丰六七年的江西困境。当时，曾国藩被石达开围困在南昌和赣州之间的狭窄地带，几近绝境，还是曾国藩的两个兄弟曾国荃和曾国华从胡林翼手中借四千人马赶赴江西救援，曾国藩才得以脱险。除了性命威胁外，曾国藩还要承受江西地方和朝中官员的刁难、诬告以及皇帝的猜忌。此时的曾国藩，真是心力交瘁，只想逃离。咸丰七年初，他的父亲去世，他便上疏要求回家丁忧，在奏折中，曾国藩把他的愤怒、委屈一股脑儿地倒了出来，并说不想干了（回家守孝三年）。曾国藩的真实意图是请咸丰体谅他的苦衷，授予他对地方官员的管辖权以利于战局。恰在此时，太平天国因内讧（天京之变）而对王朝威胁骤减，咸丰即顺势命令曾国藩"在籍守制"，实际是解除了他的兵权。曾国藩陷入人生困顿。直到第二年七月，太平天国威胁再起，朝廷令其复出。

对曾国藩这样一个想做大事的人而言，最痛苦的不是缺粮，不是打败仗，甚至不是战死，最痛苦的是眼睁睁看着建功立业的千载良机从身边失去，最痛苦的是被迫离开一手创建的湘军。这种痛苦不仅伤害肉身，并且羞辱灵魂，当肉身消亡的时候,灵魂升天时也会带着痛和耻辱。

世上有多少人,肉身消亡时,魂魄没有余羞?

注:郭嵩焘(1818—1891),字筠仙,湖南湘阴人。学者(著有《郭嵩焘全集》)、洋务思想家,被誉为睁眼看世界之人,外交先驱。曾任两淮盐运使、广东巡抚,中国首位驻英法大使。

> 以勤为本，以诚辅之。勤则虽柔必强，虽愚必明；诚则金石可穿，鬼神可格。_{复陈舫仙}

基础薄弱的人怎么成长？勤诚。

陈湜，字舫仙，是曾国藩同乡，咸丰六年从军即跟随曾国荃到江西救援被困的曾国藩，同治三年在攻克南京的战役中因战功卓著而升任陕西按察使。陈湜非儒生从军，读书不多，所以曾国藩写信叮嘱他做事、修身、读书一样都不可懈怠，专求自立之道——以勤为本，以诚辅之。勤奋，柔弱的人也会变强，愚笨的人也会逐步聪颖起来；诚心，专注而坚毅之心，金石可开，鬼神也不敢阻拦你。

人性实验室：流体智力与晶体智力

现代心理学把一个人的智力分为流体智力和晶体智力两部分。流体智力，主要指来自先天遗传的能力，包括感知外界的身体反应和运动能力，以及记忆、计算、逻辑等学习能力；晶体智力，是指个人后天习得的社会或文化经验，以及掌握的具体技能。

流体智力在人群中是呈正态分布的，绝大部分人的智力差不多，像爱因斯坦那样的超高智力是极少数。流体智力在

18岁左右达到顶峰，30岁开始走下坡路了。而晶体智力则可以随着学习而不断提升，因为我们的大脑具有可塑性。所以大脑越用越灵活，如语言和认知等能力会越来越强。

> 逆亿命数是一薄德，读书人犯此弊者最多，聪明而运蹇者，厥弊尤深。凡病在根本者，贵于内外交养。养内之道，第一将此心放在太平地，久久自有功效。与李眉生

曾国藩在慰问生病的下属李鸿裔时说，对命运气数妄加揣测是一种不好的品行（薄德），读书人最容易犯这个毛病，尤其聪明但时运不济者，更深受其害。凡病在根本上的，贵在身心一起调养。养心，首要的是保持心灵平静，坚持下去，自有功效。

我们生活的世界是一个非线性系统，环境中细微的变化，可能引起巨大改变。当不好的事情发生时，个体总想获得一个合理的解释，否则，会一直不得安宁。一个人如果在自己的认知框架下不能获得解释，就会向外寻求答案，这就是几千年来算命之术存在的原因。

但是，无论通过算命术还是今日的基因测序来揣测人生都是不靠谱的。第一，世上每个生命都是独一无二的——来自父母的基因在子代生命形成过程已经重新洗牌；第二，基因突变不受控制——天才的基因是突变引起（突变是小概率，就像癌症基因人人身上都存在，突变才发病）；第三，

基因就像一本只有提纲和目录的书稿,编辑、读者都可以根据后天的经验书写和修改。所谓人生,其实就是基因与环境互动的印迹。

所以,命运是一种很玄妙的东西,很多时候得靠自己把握。与命数最好的互动,是探索自我,不断突破和超越自身,以逼近自己天命的天花板。

注释: 李鸿裔(1831—1885),字眉生。四川中江人,曾国藩幕僚,与剑阁李榕、忠县李士棻,合称"蜀中三李"。李鸿裔精书法。曾国藩评价:"眉生,豁达精敏,应世才也。"此书信后来作为散文《与李眉生书》受到广泛传颂。

坚其志，苦其心，勤其力，事无大小，必有所成。与李幼泉

一个人能"坚其志，苦其心，勤其力"，可以测试出他生命的能级，逼近他"命数"的天花板。

养生与力学，皆从有恒做出，故古人以有恒为作圣之基。 复陈松生

恒心是成就一切的基础。如何才能"有恒"？

第一，反复问自己为什么要做这件事，像剥洋葱一样找到问题的本质。比如体重超重，往往隐藏着焦虑、自卑、逃避等问题，那么早起跑步，为了减脂，为了恢复健硕的体形，为了自我管理，为了找回自信……努力靠近自己内心的诉求，就会有真正的计划。

第二，充分考虑实施中的困难。从时间、金钱、方便性等方面进行比较、评估，越是能预见困难，越是能够克服困难。如果把事情想得太容易，当困难出现时，往往会措手不及而半途而废。所以，一开始就要问自己，出现问题（失败）时怎么办？有没有其他预备方案？

第三，目标分解，时间切割。分成若干小目标，比如第一周每天跑步3公里，第一个季度减脂1公斤……把每天的时间切割成以分钟为单位的若干小段，到时间坚决转换到另一项活动。

第四，完成一个小目标，及时进行自我奖励，以补偿心理的"自我损耗"。比如娱乐、美食、旅游等。

最后，坚持，直至习惯养成。

人性实验室：耐心是基因与文化共同进化而来的能力。

人类遗传学、社会分子生物学和神经科学研究发现，农耕民族在驯化植物的过程中，耐心——等待植物生长这种能力的适应性变得更强，并且影响了这一倾向的基因效用。比起狩猎和采集——马上能获得食物，人们更能忍受饥饿或战胜困难，基因与文化的双重作用，不断优化大脑的短期与长期算法，使得人类可以进行更远的旅行，对未来做更长时间的规划。

我们的大脑中有一个评估报偿的伏隔核（边缘系统一部分），比负责推理和自我控制的慎思系统成熟得早，意味着青少年在衡量一件事情的短期收益方面具有和成年人一样的能力，而考虑长期危害的能力却只有儿童的水平。所以，社会神经科学家把那些喜欢放大眼前利益而忽略未来风险，并且寻找"合理"的理由来逃避对自己问责的成年人，叫做"成年人的童稚化"。

若遇棘手之际，请从耐烦二字痛下功夫。 致李宫保

耐烦是一种能力。

事情难办，犹如荆棘刺手，拼的就是耐烦。

耐烦=勇气-基本焦虑

基本焦虑，就是无意识的隐性焦虑，自己不觉察。当外界刺激时，叠加基本值让焦虑水平抬升，使我们容易判断失误而致行为变形。

所以，增强耐烦能力，第一要清理自己无意识的情绪，第二问问初心——为什么要这么做。这是一生的功夫。

用兵之道，最忌势穷力竭。力，则指将士之精力言之；势，则指大计大局，及粮饷之接续、人才之可继言之。 致李宫保

势与力，构成战略格局不可或缺的两个关键要素。力，指将士的战斗力；势，指大计大局，包括粮饷的持续和人才保障等。

用兵最忌"势穷力竭"。在后方为剿捻大军筹集粮饷的曾国藩看到了李鸿章面临的风险：主力铭军、鼎军（刘铭传、潘鼎新的部队）连续作战已经十分疲惫，继续下去会"劲旅变为羸卒"。故提醒他注意部队休整，从长计议，不要轻易拉长战线。

曾国藩在实践中总结出来的"势与力""主与客""正与奇"等一整套战略、战术思想，其要旨在"以保全军队、击破敌人，不以一阵一地的得失为目标"，对后来的毛泽东军事思想产生了重要影响。

> 阁下此时所处，极人世艰苦之境，宜以宽字自养。能勉宅其心于宽泰之域，俾身体不就羸弱，志气不至摧颓，而后从容以求出险之方。复陈舫仙

身处困境，首要的是活下来，自救之法就是"宽心"。

好友陈湜（字舫仙，时任陕西按察使），因防范捻军不力被革职，流放新疆戍守，就是曾国藩信中所称"阁下此时所处，极人世艰苦之境"。挫败感和羞耻感把"心"（自我）压迫到一个逼仄的角落（无还手之力），走出困境之法就是用"宽"字调养。努力为心营造一个宽舒安泰的环境，使身体不至虚弱，意志不至衰败，然后从容寻找摆脱困境的办法。

个体抗压能力是不同的，有些人天生就是战士，如尼采所说"打不死我的让我更强大"，其"自我"能够在短时间内重新聚集起战胜恐惧的力量，这种人在任何时候都是极少数；有些人被困境的黑暗侵蚀，从此一蹶不振；更多的是焦虑"易感"的普通人，走出困境需要一定的时间，有时还得借助外力。

如何宽心？

其一，"宽心应是酒"。找一两个（具备倾听能力的）

知己，酒入肠，话出口，把心中的愁烦苦闷倒出来。

其二，运动和阅读。运动可调节大脑中去甲肾上腺素、5-羟色胺、血清素等神经递质水平，从而减轻焦虑；阅读则可以让我们从现实世界转向意象世界，暂时忘却焦虑。

其三，冥想，启动注意力机制来抑制大脑里的"噪音"，减轻焦虑。

其四，向专业人士寻求心理帮助。

事功之成否，人力居其三，天命居其七。复刘霞仙

曾国藩从历史经验和自身经历中感悟：大战争、大事业的成败，人的努力占三分，天命占七分。

对待"天命与人力"的态度，关乎生命的意义，关乎幸福感。

对自己主观能动性很自负的人，往往在挫折面前走入另一个极端，即否定自己的主观能力——因为失败等于无能。于是，愤怒和自责便真把"良知良能"压迫成"无能"；而把事情的主动权完全交给运气的人，就是否定主体性，就是躺平。这两种态度，都是简单的线性思维。

承认天命，不是推卸责任，也不是放弃努力，是在关键时候给"心"一个宽泰之境，就如给高速运行的CPU散热，让它不会宕机；承认人力的有限，能对世界保持敬畏心，提高认知复杂性，反而可能提高成功率。

人性实验室：何谓天命？

中国人把不能掌控的、未知的统统归为天命，而西方人把它称为上帝的意志，这是人类的一种生存智慧。

最新的科学研究发现，我们人类能看见和感知到的世界

只占整个宇宙的4%，其余96%的物质和能量，我们既看不到也感受不到——因为眼耳鼻舌身意只能感知以电磁力（嗅觉、味觉、触觉、听觉和视觉）形式存在的物质，即使成吨重的暗物质穿过我们的身体我们也毫无感觉。如果"天命"存在，会不会是佛家所称"色声香味触法"背后那个"空"呢？

外境之忤，未可滞虑，置而遣之，终履夷涂。 致陈碧帆

曾国藩说，当我们在外面遭遇不顺（外境之忤）时，不要老是让内心被忧虑缠绕，应该把它赶走，隔绝在内心世界外面（置而遣之），终究会走上坦途。

生命驻留在两个世界：内心世界和心外世界。内心世界保藏着自我身份的密码，是自我永远的安全基地；心外世界，关乎功名和道德，是生命能量的竞技场。

但是，如果安全基地不够安全，我们就很难阻挡那些负能量的侵蚀，受伤后不能及时疗愈和补充能量。所以，我们要通过不断修炼来坚固心的安全基地。

第一，尽力清理自己内心不干净的东西。很多时候，错在别人，而自己很愤怒和自责，之所以被别人的情绪带着走，是因为我们无意识的负面情绪被激活。自己内心镜子干净，即使映照对象是污秽的，离开后（事情过了）依然清明。

第二，做力所能及的事。在职场，有些事情你就是无能为力。一个做官的朋友说，最难受是发生死人的安全事故，尤其上面刚召开了安全会议就出事，内疚自责、不想干了，

但一大堆善后的工作还得要打起精神来做。

第三，不顺的时候，可以翻翻《曾文正公嘉言钞》，也可以看看汪曾祺的《随遇而安》，还可以学学苏轼"一蓑烟雨任平生"，让人生路上"也无风雨也无晴"。

君子有高世独立之志，而不予人以易窥；有藐万乘、却三军之气，而未尝轻于一发。 致王少鹤

君子之志，高超卓绝、独立不惧，但深藏胸中不轻易示人；君子之气，能藐视君王、退却三军，但不会轻易显露出来。

当年刘邦通过"赴项营请罪"来应对刚愎自用的项羽，在鸿门宴上"隐忍不发、甘居下坐"以掩藏自己的宏图大志；刘备在曹操面前用"失匕箸"来隐藏自己的"天下之志"；两千年后的另一场鸿门宴——"重庆谈判"，毛主席为民族大业而只身赴重庆。

今日职场里，那些真正厉害的人，在未完全掌控局势时，总是不动声色，到位后就展现出完全不同的气质；而另一些人，处处有凌人的气势，这种气，是脾气、戾气，与君子的志气相去甚远。

凡道理不可说得太高，太高则近于矫，近于伪。吾与僚友相勉，但求其不晏起、不撒谎二事。虽最浅近，而已大有益于身心矣。_{复杨芋庵}

曾国藩说：凡道理不可说得太高太玄，太高近似做作和虚伪。他与幕府中的同仁共勉只有两件事，一不睡懒觉，二不说假话。虽是简单浅显，但对人的身心都有益处。

曾国藩最厉害之处就是识人用人育人，能最大程度地激发下属的天赋，尽力抑制其短板，比如当年为改掉李鸿章"狂妄自大、睡懒觉"的毛病，曾国藩就颇费功夫。

君子欲有所树立，必自不妄求人知始。与张缄瓶

《易》云：君子藏器于身，待时而动。

君子，不是一个虚名。首先，他必须积累自己的才华、磨砺自己的意志；其次，有了能力（利器），还要看准出手的时机，如果不审势而盲目行动，则很容易陷入被动。所以，曾国藩说：君子想成大事，一定从不随便让人知道他的想法开始。

危险之际，爱而从之者，或有一二；畏而从之，则无其事也。复李次青

曾国藩谈人性：危险之际，因为爱戴而跟从的下属可能有一两个；因为畏惧而跟随你的，则没有这种事。

生死攸关，人的行为不是理性判断，而是依靠直觉。

第一，职场。职场本身是一个不平等的地方，"爱而从之者"，是那些在成长过程中，获得过上司给予而非剥夺、支持而非支配的下属。在危险时刻，他们因大脑中浸润在神经突触里被爱的记忆和正向体验释放出来的力量而跟从。

第二，朋友。因利益而从之（拥有更多社会资源的人朋友圈人数更多），关系最浅薄；志趣相投而惺惺相惜，或发小情谊，因爱而联结的神经回路最稳固。

第三，爱情。西方人把具备亲密、激情和承诺三要素的称为完美爱情，中国人叫灵魂伴侣，在世间是少数。一位当医生的朋友说，女人的忍耐力比男人强，在危难之际更能不离不弃。当然，她的话没有大数据验证。

人生能有共患难的夫妻、兄弟、挚友是上辈子修来的缘分。曾国藩这样的圣人，在危难之际能跟随他的朋友，也就胡林翼、李鸿章、刘蓉、郭嵩焘、李元度几人而已。

我辈办事，成败听之于天，毁誉听之于人，唯在己之规模气象，则我有可以自主者，亦曰不随众人之喜惧而喜惧耳。与李次青

孔子说"人不知而不愠"是君子的品行；曾国藩说，依靠自己的才具和气概（规模气象）做事，不随众人的喜惧而喜惧，叫自主。

主体性是完整人格的基础。对内，自我身份确定，富足而自立；对外，不受人支配，对自己行为负责。

可以自主者，有风骨。

平日千言万语，千算万计，而得失仍只争临阵须臾之顷。_{复胡宫保}

"争临阵须臾之顷"，一刹那决定胜负，意味着不确定性。战场、球场……皆如此。

但是，基本功好，素质好，胜算概率就大。

立法不难，行法为难。以后总求实实行之，且常常行之。应事接物时，须从人情物理中之极粗极浅处着眼，莫从深处细处看。 与李申夫

曾国藩说，法规制定容易执行难，重要的是实实在在地贯彻落实；而跟人打交道，需要从人情事理最粗浅的地方着眼，不要往深处细处苛求。

人性与法规，常常是冲突的。人性是在自私的天性上镶嵌了群体归属性，既有合作与分享的善意，也有占有与嫉羡的恶念。法规的根本目的是分配资源，人类最早的规则是关于食物和性的分配（关乎生存和繁衍），今日社会关于金钱的分配规则都是由此衍生出来的。

曾国藩深知，人对规则的自觉远不如人性底层的直觉感坚固。所以他常常叮嘱下属，做管理不能与"人性"死磕（莫从深处细处看）。

最好的管理，就是情、理、法的协调统一，公司如此，国家亦如此。因为人性如此。

先哲称"利不什,不变法",吾谓:人不什,不易旧。复陈作梅

先哲称"没有十倍的利益就不变法";我认为,没有十倍的新人,或能力强过旧人十倍,就不要换旧人。曾国藩的话从一个侧面体现了他立身处世的原则和态度,他看的是全局、求的是长远,治兵稳扎稳打,做事循序渐进,从不急功近利。一个有信念的人,身上多少都会有"保守"的气质。

今日国企里有一些CEO,在业务战略没有变化时,喜欢动架构、换人。剥夺(换人),最能激起下属的恐惧而收到立竿见影的效果。但是,人为了自保,就可能尔虞我诈、业绩造假,最后把团队引向毁灭(就像实行严酷末尾淘汰制的安然公司,几乎人人作假)。从表面看,这些CEO作风强硬,但背后其实是私心作祟——树立个人权威、获得短期业绩提升,这恰恰暴露了他们的能力不足和不自信。从事后看,他们的"改革"只是折腾。

君子不恃千万人之谀颂，而畏一二有识之窃笑。

复郭意城

君子不在乎万千人的阿谀赞颂，而畏惧一两个有识之士的暗中讥笑。

曾国藩这里所说的"畏一二有识之窃笑"指的是什么事情？

太平军被基本平定不久，朝廷命曾国藩为钦差大臣，督军北上剿捻，两江总督由李鸿章署理。但曾国藩的剿捻很不顺利，对手借机攻击，说他浪费钱财，遭朝廷责备。内外交困，曾国藩身体每况愈下。为长久计，他奏请朝廷调李鸿章做他的助手。但出乎意料的是，朝廷却叫他在军中调理一月，钦差大臣关防交给李鸿章。同时，李鸿章接旨后，上奏强烈建议曾国藩回任两江总督，因为"剿捻全军专恃两江之饷，若经理不得其人，全局或有震恐"。李鸿章一方面是基于公心——大军粮饷依仗江南，一方面基于私心——关键时候力挺老师曾国藩。但是，在曾国藩看来，剿捻半途而废，劳师无功又与自己的学生对调来取巧逃避，无论哪一方面他自己都难以接受。遂又向朝廷提出"以散员（不任具体职务）留营"以稳定军心，直至"捻结束"。最后朝廷拒绝了曾国藩的请求,命他回任两江总督。

曾国藩真正畏惧的,是他自己的内心。有恒(不半途而废)、朴拙(不投机取巧)是曾国藩终生坚守的信念和原则。

古人患难忧虞之际，正是德业长进之时。其功在于胸怀坦夷，其效在于身体康健。圣贤之所以为圣，佛家之所以成佛，所争皆在大难磨折之日，将此心放得宽，养得灵，有活泼泼之胸襟，有坦荡荡之意境，则身体虽有外感，必不至于内伤。 复陈舫仙

曾国藩对他的学生陈湜"受无妄之灾……外感内伤同时举发"十分担心，因为知晓其病根在于心境未能开广，郁积未能祛除，所以回信宽慰他。

尼采说，那些杀不死我的东西，只会让我变得更强大。曾国藩讲，"患难忧虞之际，正是德业长进之时"。东西方哲人表达的是同一个意思。

"大难磨折"何以长进"德业"？

第一，对于人格基础比较扎实的人来说，"大难磨折"是对大脑神经系统的一次压力极限测试。压力冲击可能打通你的无意识，激发出生命的潜能。通过了测试，意味着你的生命力跃上另一个能级，极少数的人（顿悟）跃上了最高能级——成圣、成佛。

第二，对于人格有"坑洞"的人而言，"大难磨折"将掀开你心灵的伤疤，恐惧、自卑和羸弱统统暴露无遗，你可

能躲避在无人看见的角落瑟瑟发抖；或暴跳如雷，准备采取过激行为；或终日坐卧不宁……总之，看见自己的丑陋很痛苦。如果能静下来，与受伤的心对话，体会这些情绪，就是疗愈的开始。

第三，如果你不敢正视自己人格的"坑洞"，只是用"鸡汤"来麻痹自己，将负性情绪压抑郁结在无意识里（内伤），但你无法骗过你的直觉感——身体将直接通过症状来表达。

祸机之发，莫烈于猜忌，此古今之通病。坏国丧家亡人，皆猜忌所致。《诗》称"不忮不求，何用不臧"，仆自省生平愆咎，不出忮、求二字。今已衰耄，旦夕入地，犹自憾拔除不尽。因环顾当世之士大夫，及高位耇长，果能铲除此二字者，亦殊不多得也。忮、求二字，盖妾妇、穿窬兼而有之。自反既不能免此，亦遂怃然愧惧，不复敢道人之短。复郭中丞

猜忌，是把自己的自卑和不安全投射到别人身上而生出的偏执的被害妄想心理。猜忌是一种病，严重者会进一步"确认"别人的"加害"言行，以致为"保护自己"而伤害他人。猜忌与警惕是两码事，警惕是理性的判断和洞察，一旦确认便不再纠缠。猜忌，在某些时候会像病毒一样传播，蔓延成一种社会疾病，肆意吞噬人与人之间的信任，将合作与分享的人类社会变成动物丛林。所以，曾国藩说，"坏国丧家亡人，皆猜忌所致"。

忮、求，即嫉羡和贪婪。前者是面对与自己相关、可比的人拥有更多资源（钱财、名誉、地位）时产生的一种负面情绪；后者是内心的匮乏感所驱动。曾国藩用小妾之心和盗

贼之行兼而有之来比喻忮求，可谓通俗、贴切。小妾的嫉羡之心，是被她视为竞争对手的、与她同一屋檐下的正房所激发的，而盗贼是穿墙而入，直接抢夺别人的东西。对自己如此苛求的曾国藩到老尚不能根除忮求二字，更不用说普通人了。

社会比较理论认为，作为社会动物的人，需要通过向上的比较来进行自我评价，以发现自己的不足，从而激发进取动力；通过向下的比较来获得信心和自尊。但向上比较过度就属于精神疾病了。

忮、求与自我实现在行为上相似但有本质的区别：

嫉羡与贪婪：自我身份模糊、内心匮乏、与别人心理边界不清晰；只能不断通过获取财富和地位来填补内在的不足，追求成功是为了在他人面前获得优越感。

自我实现：是主体性和共融性的需要，内足自立的自我真正成为集体的一员，超越自己而非别人，功名是劳作和创造的副产品。

铲除忮、求二字，需要一生的修行。

人才非困厄则不能激，非危心深虑不能达。复袁小午

曾国藩与袁保恒（字小午，袁世凯叔父）论人才磨砺：人才不到艰难窘迫（困厄）的境地则不能充分激发其潜能，不经历忧虑、戒惧的内心煎熬则不能通达、成熟。

困境，是检测人才最直接的手段，也是人才成长的催化剂。至暗时刻，个体经历濒临崩塌——挣扎——重生的磨炼，人的潜能才可以被最大程度激发出来；探索自我的艰难过程，会重塑你的神经连接，坚硬你的三观。

家 书

曾国藩兄弟姊妹一共9人，4个弟弟、1个姐姐、3个妹妹。作为长兄的他，人生的另一个使命是光耀门楣。所以，对弟弟妹妹，尤其九弟曾国荃（沅弟）的教育引导成为他义不容辞的责任。

如果说一个官员在奏章里的言词可能有藻饰成分，那么，在家书里的话语则是情感的流露和真实意图的表达。曾国藩在家书里谈的都是伦理操守，处处彰显儒家君子向善的追求，今天读来也让人动容，这也是曾国藩引起后世广泛关注的一个重要原因。

朱子言为学譬如熬肉，先须用猛火煮，然后用慢火温。予生平功夫，全未用猛火煮过。虽略有见识，乃是从悟境得来，偶用功，亦不过优游玩索已耳。如未沸之汤，遽用慢火，将愈煮愈不熟矣。

曾国藩是古文家，承继宋明理学衣钵，但与之前的大儒最大的不同在于，其"立言"重在支持"事功"和"立德"。他辨析义理总是与实践紧密结合，通过对人性和事物规律的洞察，悟出一套实用的心法，要旨就在这部嘉言钞中。

学习，就是将点连成线。

猛火煮，即博闻强记，强调量的积累。大量的信息刺激大脑神经元电活动，让全脑工作空间高速运转起来，兴奋的神经突触不断长出新的卷须，去努力激活原有的或形成新的神经联结，只不过这些联结很不牢固，一旦停止刺激就会断开（容易忘记）。

慢火温，是温习和精读，关注的是重点。随着学习的深入，神经网络的重点不是长出新芽，而是剪断一些不重要的联结，强化那些重要的联结，随着不断地断开和重连，之前的短时记忆转换成长时记忆，重要的知识得以巩固。

领悟，是建构新的认知，是批判和否定、继承与创新的过程。在这一过程中，随着信息在大脑各个系统之间共享，全脑工作空间产生雪崩效应——存储新旧知识的不同区域的神经元（组）发生联结，一些清晰、稳固的神经回路形成，即所谓知识的融会贯通，获得"众里寻他千百度，蓦然回首，那人却在灯火阑珊处"的顿悟。

如果把认知比作一幢房屋的话，那么，书本的知识、自身经历及见闻等，就像买回家的砖瓦和木头等材料，需要对它们进行分类、梳理、截取，再整合，方能构建起一幢完整的房屋。否则，它们只是杂乱堆放在大脑某个角落里的原料而已。

"将点连成线"，是一种高级能力。这既靠后天的努力，也靠先天的悟性。对于普通人而言，猛火煮、慢火温，是求知的必经之路。

用功譬若掘井，与其多掘数井而皆不及泉，何若老守一井，力求及泉，而用之不竭乎？

曾国藩用掘井比喻治学用功。与其到处去掘数口井而掘不到水，还不如一心一意地专掘一口井，力求掘到泉眼，就可以取之不尽、用之不竭了。

我曾经在无线网络（4G/5G）运营部门工作。我们单位每年都进一些研究生，有重点大学，也有普通院校，有无线专业，也有大通信专业的，入职后都采用专家带学徒方式进行培养。通常在两三年以后，他们的专业能力会拉开差距。那些表现优秀的员工有一个共同之处，就是内心不浮躁，能够沉心静气地学习。因为应用层面的技术远没有到挑战一个人智力天花板的程度，那么比拼的其实是专注。

在曾国藩时代，"掘井及泉"，一技傍身，可衣食无忧。

在今日，"掘井及泉"依然是一种可贵的品质。对普通人而言，也是职场成长以及人生获得意义感的路径。

凡专一业之人，必有心得，亦必有疑义。

学习的几个阶段：

第一，囫囵吞枣式的全盘接受，是信息输入过程。此时，大脑存储的是分散的字节，是"字"而不是"文"，是"点"不是"线"。

第二，随着学习的深入，能将单个的"字"组成"文"，或将"点"连成"线"，这是建构的过程。能用自己的语言描述建构的方法，即是有了心得。

第三，在连接或组成的过程中，出现了缺损或断点，疑问产生。消除疑问的过程，必然伴随扬弃和创新，最后产生自己的观点或方法论。这是专家。

所以，"疑义"是更高层次的学习心得，是顿悟的序幕。

注释： 在同一封信里，曾国藩接着叮嘱四位弟弟：追求学业之精，别无他法，唯有"专"。"……若志在穷经，则须专守一经；作古文，须专看一家文集；作制义（八股文），须专看一家文稿……"并要求之后的书信附上各自作业手书，以知晓每个弟弟的"志向识见"，以便自己和他们共赏心得、共析疑义。这是远在千里之外的大哥指导弟弟们的学业，谆谆教诲中，满是手足深情，一幅儒家社会"兄道友、弟道恭"的生活画面跃然纸上。

士人第一要有志，第二要有识，第三要有恒。有志则不甘为下流，有识则知学问无尽，不敢以一得自足，有恒则断无不成之事，三者缺一不可。诸弟此时，唯有识不可骤几，有志、有恒，则诸弟勉之而已。

有志，是看见自己内心愿望而努力的方向；有恒，是方向确立后的思想自觉，表现在行动上的坚持，不会因为困难曲折而轻易放弃；有识，是随着见闻、知识和技能的丰富而好奇心不减。

夏天的花因为太阳的照耀具有绚丽多姿的美，人的生命因为志向的激发变得活泼、丰满而有意义。

人性实验室："空心病"与虚假志向

有一些青年，他们从小就是父母、老师的骄傲，学习成绩优秀，一路考进重点大学，考进清华北大。但是有一天，他们抑郁了，被强烈的孤独感和无意义感包围——"不知道为什么学习，不知道为什么活着，只是在照着别人的逻辑活下去而已"。徐凯文教授把这种心理疾患叫做"空心化"。正如精神分析学家温尼科特说，他们的"自体"是虚假的，或拉康所称的被大他者的欲望所捕获，即作为主体的欲望被抑制。他们的志向，犹如没有牢固地基大楼的漂亮幕墙，很容易崩塌。这是养育的失败。

更多的虚假志向，表现为无法落地的幻想——"理想自我"不能转化为结合人生实际的"自我理想"。比如，职场中的"眼高手低"，想法多行动少，做事"满心欢喜，草草收场"等等。

凡事皆贵专。心有所专宗，而博观他途，以扩其识，亦无不可；无所专宗，而见异思迁，此眩彼夺，则大不可。

专宗，意味着在专业领域占有一席之地，其所学已经建构成了自己的认知体系，此时博涉，可以扩展视野；而"无所专宗而见异思迁"者，"博观"的知识是"点"不是"线"，这些零碎散乱的信息（包括碎片化的意识形态），可能徒乱人意。

在社会分工越来越细的今天，唯有深耕专业的才是人才。心有所专宗，是对脑力的最好尊重。

人性实验室："星期一效应"——量变到质变

神经科学家用经颅磁刺激仪TMS观察点字学习的盲人大脑地图（神经网络放电活动成像）变化，以研究大脑记忆形成机制。这些盲人每周5天，每天3个小时进行点字学习，科学家在每周星期五和下周星期一测试他们大脑食指（触摸点字的手指）运动地图。科学家发现，食指运动地图的大小，随着点字的阅读速度快速变化，读点字的食指比另一只手不读点字的食指地图大，比不用点字的盲人大脑食指地图区域大。

星期五的地图，体现本周的学习收获，变化快速，呈现戏剧性扩张，以一个星期为周期循环；但是，下周星期一早上的食指地图又回到原来的基准值。星期五的地图持续发展了6个月，6个月之后的变化不再像之前那样快了。

星期一的地图，与星期五的地图正好相反，6个月内没有改变。6个月之后，它开始慢慢变大，一直到10个月进入高原期，不再往上爬，但维持在那个高度。10个月之后，受测者休息2个月回来再测试，依然没有改变。

实验揭示了短期记忆与长期记忆的神经机制：

星期五效应："热炒热卖"。星期五的地图显示的是对现存神经回路联结的强化过程，揭开了被埋葬的途径。好比考前"开夜车"学习成绩的进步，来得快去得快。

星期一效应：量变到质变。星期一的地图显示的是缓慢的、永久性的全新的结构形成，可能是新神经元的分叉和新突触的形成，是神经元长出的新芽，不是对旧的联结的强化。一个人如果想要永久掌握某个新技能，必须持续专注地学习，直到形成新的联结。就像学会骑自行车、学会游泳，一旦掌握，便终身都不会忘记。

君子之处顺境，兢兢焉常觉天之过厚于我，我当以所余补人之不足。君子之处啬境，亦兢兢焉常觉天之厚于我。非果厚也，以为较之尤啬者，而我固已厚矣。古人谓境地须看不如我者，此之谓也。

人以群居，所以比较。个人的苦痛愁烦和社会的矛盾冲突，大多因比较而来。

怎么比？第一相关性，如同学、同乡、同事；第二可比性，能力、地位、财力接近，如处级与厅级。所以，每一个皇子都会跟太子相比，而大臣再有能力却很少觊觎皇位，于是皇城里的杀戮总是不断地在骨肉同胞之间上演。同样，一个乞丐永远不会跟富翁攀比，但会妒忌比他收入多的同行。

比较的背后，是对待天命的态度和价值的取舍。曾国藩的比法，是"境地须看不如我者"。

一些天资很高的人，最后没能成事，往往是顺风顺水时太过狂妄，认为所有的成绩皆是自己能力和努力赢得的，全不顾他人的感受，积怨的危险在眼前却看不见；而遇到不顺的环境，就埋天怨地，把责任推给别人。

心理学上有一个人际关系归因理论（P－O－X 模型）：成功时多归因于自己的努力和才华天资，失败或犯错时多归因于客观环境不好或别人的问题。这个理论进一步表明，人类天生是有偏见的物种。

学学曾国藩的比法，可以矫正我们的认知不平衡，能多一些幸福感。

人性实验室：感恩与嫉羡

2021年有一篇博士论文的致谢部分走红网络，作者黄国平在《致谢》中说："我走了很远的路，吃了很多的苦，才将这份博士学位论文送到你的面前。二十二载求学路，一路风雨泥泞，许多不容易。……如梦一场，仿佛昨天一家人才团聚过。"他的话打动了大批网友。

可以想象，更多的贫穷孩子没有他幸运。引发众人热议的除了感动，还有作者对待人生的态度，既没有将之完全说成自己励志的故事，也没有回避环境的艰辛。

而同样是博士，复旦数学院某姜姓教师，因为学院可能不再续聘，便以残忍手段杀害院领导，也彻底毁掉自己。

感恩，是主体性的充分发展，个人内心独立、富足、自强，无论顺境或逆境，都能努力去完成生而为人的使命。

嫉羡，没能发展出主体性，内心脆弱、匮乏，嫉妒他人的成功，与他人的界限不清楚，总是将自己的失败归因于别人和社会环境的不好。

注：曾国藩往家里寄了一千两银子，600两用于还债，400两接济亲戚。但两个兄弟收到后有些情绪，认为家里本来有些拮据，"区区千金"还要救济亲戚。曾国藩对此批评了两个弟弟，于是有了这段话。

君子处顺境，是上天过于优待于我，应谦谨处世，常怀感恩之心，当以多余部分帮助需要帮助的人；君子处于困境，依然要谦谨处世，依然感恩上天之优待，而并非真优待，只是与那些更艰难的人相比，自己就是被优待了。古人说要与那些处境不如我的人比较，就是这个意思。

> 凡仁心之发，必一鼓作气，尽吾之所能为，稍有转念，则疑心生，私心亦生。

人性，是动物性基础上镶嵌主体性和共融性，统合的力量就是孔子两千多年前发现的人类同有的道德良知——仁。仁心，发端于人伦情感，所以，循着人伦的路径——父母、子女、夫妇、兄弟……民胞物与，去扩展"爱"就是求"仁"。儒家的仁爱实践，从亲人开始，让人顺其自然地爱他人，无须勉强（当然爱亲人自然多于爱众人）。

但是，仁心很容易被私心所蒙蔽，被疑心所干扰，变得如中医所说的"不仁"（麻痹状态）。所以，曾国藩说，"凡仁心之发，必一鼓作气，尽吾之所能为"。

荷道以躬，舆之以言。

用今天的话说：一手增进民生福祉，一手引领意识形态。

"荷道以躬，舆之以言"是曾国藩《立志箴》中的一句话。曾国藩立志做圣人，决心以古圣先贤为榜样，一辈子躬身力行，引领风尚。所以，当太平军举旗"耶教"、焚毁孔庙和书院时，曾国藩便发檄文、练湘勇，奋起捍卫他心中唯一的真理——儒道。

几十年后，梁启超与蔡锷、唐继尧一起"护国讨袁"，其精神力量依然是世运担当的儒家精神。

谁人可慢？何事可驰？驰事者无成，慢人者反尔。

敬的反面，是怠慢、松弛。

对别人的怠慢，源自自我的被忽视；对事情的怠慢（散漫、拖延），是大脑中"杂音"太多。慢人驰事者，身心不协调，以致与环境违和，人际关系紧张，于己于人皆有害。

所以，曾国藩把"居敬"作为每天的必修课。

德业之不常，曰为物牵。尔之再食，曾未闻或惩?

出自《有恒箴》。

修德进业不能持之以恒，还借口事情牵绊。一再食言，没听说罪过（惩）大了要遭上天惩罚吗？无恒是一种罪过，因为浪费了最宝贵的资源——脑力和时间，如果还要找借口，就是罪上加罪。

曾国藩平生视"有恒"为第一美德，32岁作《有恒箴》，向天发誓，今后定如快马奔走，再不偷懒（天君司命，敢告马走）。

心欲其定，气欲起定，神欲其定，体欲其定。

出自《养生要言》。

心定、气定、神定、体定，意味着身心合一——自我身份高度确认，焦虑的迷雾散尽，大脑里杂音消失，身体能量充盈，生命如四月天般清明通透。这是生命的最佳状态，也是德行的最高境界，与此相反的另一个极端，是魂不附体（精神分裂）。

常人的身心，处于上述两极之间：大脑里不时有背景噪声，引发弥散性焦虑，所以易受外界扰动，脑力的效率不能达到最佳。

修身的起点，心定。无论是古老的瑜伽，还是现代心理学的意志力训练，都是充分利用"心的力量"。

曾国藩作"五箴"（立志、居敬、主静、谨言、有恒）和"养身要言"，目的只有一个：为了"成圣"而全方位管理自己，从思想自觉到行为有恒。

人性实验室：情绪调节

分子生物学揭示，情绪直接影响神经递质分泌，进而调控基因表达——在炎症、生殖、代谢紊乱等众多生理病理调控中发挥关键作用。焦虑是基因与环境互动的产物，基因的易感性和生活的环境是我们不能控制的，但是通过冥想等意念活动转换心境，可以减少大脑"噪声"。神经科学家、幻肢理论发明者拉玛·钱德朗认为，当冥想到忘我时，可以关闭体内疼痛的闸门。

除了冥想，阅读、运动皆是转移心境的好办法，都能有效调节情绪，所谓"读书随处净土，闭门即是深山"就是心境转移的效果。

牢骚太甚者，其后必多抑塞。盖无故而怨天，则天必不许；无故而尤人，则人必不服：感应之理然也。

以前农村人说，在背后说某人闲话，那个人的耳朵会发烧，意思是他可以感应到。如果无故而怨天，上天他老人家"顺风耳千里眼"，定会发怒而降罚说他坏话的人。

牢骚，是一种攻击。向外，攻击上司的不公或他人的不好；向内，攻击自己无力抗争的窝囊。牢骚越多，伤人越多，最后成为大家都不待见的"怨妇"，职场生存空间越来越小。同时，牢骚的自我暗示，让方寸之地怨恨堆积，从而销蚀生命的能量，生活越感苦痛。

人生不如意十之八九。职场的顺境和逆境，很多时候不是自己能掌控的。运气来了，抓住机遇，乘势而为。如果运气不好，那就做好本质工作，管住自己嘴不乱说，同时把多余的能量用来学习，以储备未来；甚或醉心于一两样兴趣爱好，人有雅兴便不易生妄念，负面情绪自然消减。

任正非认为，一个好干部要"耐得住寂寞，受得了委屈，懂得了灰度——这个世界不是非黑即白的"。牢骚太甚者，往往认知简单化，因简单而偏狭，因偏狭而愤懑。所以，认知复杂性提高，牢骚就会减少。

所以，学习毛主席语录：牢骚太盛防肠断，风物长宜放眼量。

人性实验室：修通攻击性

合作是人类自我驯化的产物。控制情绪反应的系统被选择，群组（部落）会放逐或杀死攻击性过高或过于专横的人。比如历史上那些过于残忍的人，如暴君、酷吏，他们虽然短时间内获胜，但最终都会被消灭。

攻击性是人的一种原始本能，随着生命的成长，转移和升华为对兴趣爱好、艺术、事业的追求。如果一个成年人有太多的怨气和愤怒，根源是在幼小需要关爱的时候未被好好照顾而烙下的对父母攻击的情结，以致在生活中不断重复童年的体验，极易生出愤懑的情绪。这种情绪往往是潜意识自发性的，所以，仅靠讲道理远远不够，需要像曾国藩记日记那样，以敏锐的觉察和深刻的反省，来进行长时间的自我探索和疗愈。神经科学家将"心理分析"比喻为大脑神经层面的微层外科手术——改变与认知情感相关的神经结构和功能。通过心理外科手术，不是消灭攻击性，而是让攻击性这种原生能量有序、有尊严地释放——深度融入集体中去劳作和创造。

功名之地，自古难居。人之好名，谁不如我？我有美名，则人必有受不美之名者。相形之际，盖难为情。

曾国藩对人性洞察深刻：人人都是好名的，我有美名，则其他人（打败仗的官员）必受不美之名，相形之际岂不是难为情。

所以，取得成绩后的总结报告应该这样写：

第一，上级领导正确决策，指挥有方；

第二，全体同仁共同努力（能为下属争取的福利尽可能争取）；

第三，其他相关单位的大力支持和配合；

第四，错误是自己的。

所谓管理的本质，就是尊重人性。对成长型干部而言，谦谨，不仅是一种品格，更是行稳致远的一种能力。

未习劳苦者，由渐而习，则日变月化，而迁善不知。若改之太骤，恐难期有恒。

曾国藩说，养成好习惯最好的方法是：由渐而习，日变月化，而迁善不知，最后达到有恒。疾风骤雨，来得快去得也快。

所谓"润物无声、风化于成"，关键在"渐"字。

在承平时候，不管是孩子学习、新员工工作，还是文化建设，如果让人自己变好了都不觉察（迁善不知），习惯就成了。这样的父母和老师，就是既有爱的心又有爱的能力，这样的领导就是既有事业心又具备干事的才能。如果让人有太多的不适感和抗拒感，其行为多半难以持续，这样的父母和老师是有爱的心而爱的能力不足，这样的管理者是志大才疏，他们自己需要补课。

在今日，"90后"、"00后"逐渐成为职场主力军，他们与80后及其上一代人有很多的不同，简单粗暴和说教的管理恐怕适得其反。所以，管理者更应该尊重"由渐而习"的人性，研习"迁善不知"的功夫。

人性实验室：习惯成自然

曾国藩的同乡好友，湘军将领、陕西巡抚刘蓉曾写过一篇《习惯说》，其观点与曾国藩上述所说不谋而合，文章是这样写的：

我年轻的时候，在养晦堂西侧的房间里学习。低头阅读，仰头思考，想不出答案时，就在屋子里兜圈子。屋子里有一坑洼处，直径一尺，一天比一天大，每次经过，脚都要被颠绊一下。但日子久了，也就习惯了。

一天，父亲来到房里，看见这处坑洼，笑着说："一间屋子都不能整理好，将来凭什么办理国家大事呢？"于是叫叫仆人把坑洼填平了。但是，以后每当我脚踏到那个地方，就像踢到某个东西一样，心里突然一惊，觉得那地方忽然高起来了，低头看看，地面早已平坦。如此往复，很久都有这种感觉。又过了很久，就再次习惯了。

唉！习惯对人的影响，真是非常厉害啊！脚踏在平地，并不与坑洼相适应，但时间久了，那坑洼就像平地一样了；以至于把长久以来的坑洼填平，恢复到原先的状态，却感到有阻碍而不适应了。所以君子做学问，最重要的就是开始时需谨慎。

注：曾国藩的长子曾纪泽即将迎娶原云贵总督贺长龄之女。对于儿媳妇，曾国藩要求从两个方面予以引导和教育，一是"妇职"，即勤俭持家，会"纺织、煮饭"；二是"妇道"，伺奉长辈恭敬、对待同辈温和。但是，要循序渐进，因为儿媳"系富贵子女"，以前不习惯劳苦，要让她逐渐养成习惯，日所有改，月有所变，自己变好了都不会觉察；如果转变太突然，恐怕难以期望她能坚持下去。

古之成大事者，规模远大与综理密微，二者缺一不可。

曾国藩教导刚开始带兵的弟弟曾国荃：要想成就一番事业，既要有远大的格局，又要有务实的管理，二者缺一不可。

"眼高手低"的人，往往志大才疏；而"眼低手高"的人，成天陷于具体事务，会把自己局限在眼前，最后规模越来越小。

成长型干部，既要"眼高"又要"手高"，理论与实操、长远与当下，相与有成。

接人总宜以真心相向，不可常怀智术以相迎距。人以伪来，我以诚往，久之则伪者亦共趋于诚矣。

人与人之间，互为镜子。

对个人来讲，如果在正常环境里总是"以伪来"，可能是缺乏安全感，是潜意识生发的自我防御。若"我以诚往"，他是能感受到的，久而久之就会"脱敏"（伪者亦共趋于诚矣）。

对群体而言，诚是维系共同体的基础，有诚信才有合作与分享。一个组织的诚信度取决于主要领导。领导的内心是安全的、诚实的，员工慢慢就会"共趋于诚"，相容和相融于环境，这是团队文化塑造的过程。但是，很多管理者善用权术，只知"疾风骤雨"而不懂得"润物细无声"。

注： 曾国藩教导曾国荃与左宗棠（左季高）相处，总体应该真心相向、以诚相待，不能经常以斗智斗勇，靠手段来处理关系。别人虚伪对我，而我以诚心回敬，时间久了，虚伪者也会朝着诚实的方向转变。

左宗棠比曾国藩大一岁，前半生仕途不太顺利，50岁（1861年）时，两江总督曾国藩疏荐左宗棠任浙江巡抚。左宗棠自负、"刚直激烈",《清史稿》说他"尝以诸葛亮自比,人目其狂也",在当时是"名满天下,谤亦随之"。

左宗棠与曾国荃在性格上都有"自负、刚烈"的特点,这是曾国藩再三叮嘱曾国荃的原因。

来书谓"兴会索然",此却大不可。凡人作一事,便须全副精神注在此事,首尾不懈,不可见异思迁,做这样想那样,坐这山望那山。人而无恒,终身一无所成。

今天,很多人追求快速的、即时的刺激,不愿意静下心来去读一本书、做一件事,甚至动不动就躺平,刘擎教授把这种互联网环境下,人们不再能够延迟满足的现象,称为"成年人的童稚化"倾向。

延迟满足,是一个成年人应该懂得的基本道理。因为任何认知的建构都需要经历积累、创新的过程,任何技能的习得都需要付出艰辛和努力,任何生命的成长都需要时间。

延迟满足能力,预置于人类的基因蓝图中,在我们前额叶皮质系统的最深处,只是需要我们用信仰、信念、目标来唤醒和激发。

人性实验室:延迟满足是基因和文化共同进化的结果

今天,在非洲地区的一些原始部落,依然过着狩猎采集的生活。在捕捉羚羊时,羚羊凭借短距离冲刺能力可以短暂逃离猎人的视线,狩猎者不会跟羚羊比拼短跑速度,而是通过8个小时以上的长距离跟踪——每一次都不让猎物跑远，使得羚羊不得不反复冲刺最后因体力耗尽而倒下，被猎人轻松抓住。

进化生物学家说，人类捕捉危险动物的策略与狮子或豹子在捕捉同样猎物所采取的策略完全不同。狩猎大捻角羚羊这类危险动物，人类如果见一只追一只，一会儿追这一只，一会儿又追另一只，永远都不可能获得猎物。这种长距离、长时间追踪能力需要很多代人经验的积累和传承，是初级的延迟满足，是生物和文化共同进化出来的结果。

延迟满足能力，让人类能够驯化植物——春天播种，耐心等待种子发芽、开花、结果；能够花数年、数十年的时间疏浚河道、治理洪水而建立一个安全的家园；能够理性思考，规划未来。

身体虽弱，却不宜过于爱惜。精神愈用则愈出，阳气愈提则愈盛。每日作事愈多，则夜间临睡愈快活。若存一爱惜精神的意思，将前将却，奄奄无气，决难成事。

干活不伤身，而无聊、忧惧可能要命。

一个人"将前将却，奄奄无气"（犹豫困顿、慵懒颓废）时，内心焦虑，能量散漫，身心失调；而用心做事时，能量聚集，身心协调。所以，"精神愈用愈出，阳气愈提愈盛"。

爱惜身体不是不做事，而是把能量有序投注在生命需要表达的地方。

不慌不忙，盈科后进，向后必有一番回甘滋味出来。

任何生命的成长都需要时间。林清玄《立刻完成的灵药》里讲了一个故事。一位性子着急的国王，什么事情都不愿等待。王后生了一个女儿，整日整夜地啼哭，这让着急的国王更加着急，他希望公主立刻长大，现在就要看到她亭亭玉立的样子。于是命令所有的大臣想出让公主立刻长大的办法来，否则将严惩他们。一位大臣就把国内最高明的医生找来。这位名医说，在遥远的东方确有这样的灵药，公主服了就能立刻长大，只是往返需要12年的时间。国王就让名医带走了公主。12年后，名医和亭亭玉立的公主果然都回来了，国王欢喜不已，以为公主真的吃到立刻长大的灵药了。

今天，很多人就像那位国王一样着急过日子，着急成功，着急出名，着急……着急到几分钟看完一集电视剧（剪辑过的短视频），着急到大脑都设置成"快进"模式。

着急的背后是焦虑，根源是方向不清晰，大脑杂音太多。解决之道在于要回归自我，听听内心的声音，然后把精力和时间始终放在那些重要而不紧急的事情上，方得从容。

佛说，若有众生，恭敬礼拜……福不唐捐；曾国藩说，不慌不忙，盈科后进，必有回甘。

注：盈科后进，指泉水遇到坑洼，要充满之后才继续向前流。

吾自信亦笃实人，只为阅历仕途，饱更事变，略参些机权作用，把自家学坏了。实则作用万不如人，徒惹人笑，教人怀憾，何益之有？近日忧居猛省，一味向平实处用心，将自家笃实的本质复我固有。贤弟此刻在外，亦急需将笃实复还，万不可走入机巧一路，日趋日下也。

《红楼梦》里贾宝玉说女儿年轻时是珍珠，年长就变成了鱼眼珠子。人的初心是笃实的，受染污后变得机巧油腻。

笃实与机巧，是两种社会算法。笃实者心中时刻警醒，害怕因眼前所得而污染己心；机巧者总是高估眼前的获益而低估未来的风险，就像《天道》里会算账、"讲义气"的刘冰。

笃实与机巧，是诚心和自欺的分别。笃实，是自我身份确认，对己真诚，而表现出对外界的平实和热情；机巧，是主体性不确认，是对己心不亲近而表现出对周遭的怀疑，甚至厌恶。

笃实与机巧，是慧跟智的区别。中国人说的智慧，实际是两个层次：智，指具有做某件事情的能力；慧，是能够洞察这件事情背后的本质。比如《天道》中丁元英帮助韩楚风赢得董事长职位，为喜欢的女人芮小丹创造一个扶贫神话，是对事物规律性的认识。换句话说，笃实是最高的机巧。

职场的本质，是创造价值，所以笃实的人会直奔问题，解决问题，有错就改，也许偶尔会吃亏，但长久下去，一定能够成长。而机巧者，遇到问题先看看上边，再看看周边，做事总是偏离事情的本质，最后离自己越来越远，彻底变成了"鱼眼珠子"。

无论生活还是工作，我们都要记住曾国藩的话：复还笃实，不入机巧。

强毅之气绝不可无，然强毅与刚愎有别。古语云"自胜之谓强"，曰"强制"，曰"强恕"，曰"强为善"，皆自胜之义也。如不惯早起，而强之未明即起；不惯庄敬，而强之坐尸立斋；不惯劳苦，而强之与士卒同甘苦。强之勤劳不倦：是即强也。不惯有恒，而强之贞恒，即毅也。舍此而求以客气胜人，是刚愎而已矣。二者相似，而其流相去霄壤，不可不察，不可不谨。

曾国藩辨"强毅"与"刚愎"。

电影《教父》里的维多·科里昂，平时谦逊本分，关键时刻决绝果敢，无所畏惧。在他遇刺后，家族面临巨大危机。大儿子桑尼暴躁、好战，弱点轻易被对手利用，死于乱枪之下。教父为整个家族着想，强忍丧子之痛，主动与五大家族谈判和解，让小儿子麦克回到了美国。教父在关键时刻能"止损"，就是强毅，而儿子桑尼则是刚愎之气。

一个人的气质既源自先天，也受后天塑造。真正厉害的人，是能够自我觉察，正视、克制自身的弱点，努力修通（生物本能的）"攻击性"——升华为对志向的坚定、信念的坚守、求知的执着。

注：客气，偏激情绪；中医指侵入人体的邪气。

打仗不慌不忙，先求稳当，次求变化；办事无声无臭，既要精到，又要简捷。

曾国藩送给弟弟曾国荃一副对联：
打仗不慌不忙，先求稳当，次求变化；
办事无声无臭，既要精到，又要简捷。
这是管理的常识。新到一个单位，先要稳定基本面，然后才是创新；谋划事情看全局、思长远（精到）；执行任务有步骤，布置工作简单明了（简捷）。

注： 曾国荃性情急躁，所带吉字营兵勇"锐气有余，沉毅不足，气浮而不敛"。曾国藩告诫弟弟要改掉这个毛病。

无声无臭：没有声音，没有气味，比喻默默无闻的意思。

弟此时以营务为重，则不宜常看书。凡人为一事，以专而精，以纷而散。荀子称"耳不两听而聪，目不两视而明"，庄子称"用志不纷，乃凝于神"，皆至言也。

做事情，"以专而精，以纷而散"。

一个人来到世间，生命携带的东西只有两样：时间和脑力。对于智商差不多的普通人来讲，大脑的产出主要取决于专注度，即：

学习效果=脑力×时间×专注度

脑力就是"全脑工作空间"的算力。我们的大脑可能是世上最辛苦的组织——每天24小时不停地处理"眼耳鼻舌身"的刺激和内部奔涌的意识流（只有在科学家称为"意识丢失"的麻醉和无梦睡眠时，负荷最小）。大脑里有数百万处理器在高速运作，这就是为何只占体重2%的大脑要消耗身体能量的20%的原因。我们的大脑也很脆弱，如果长时间高负荷运行，人就会疲惫、焦虑、失眠，甚至直接"跳闸"——如压力过大的高三学生高考前抑郁，以把学习的重负彻底甩掉。

所以，当我们进行有难度的工作时，就需要调用"全脑工作空间"的学习、记忆、判断、想象等功能块来全力处理。只有拥有足够的注意力，才能抑制掉无关刺激和内部的"杂音"（抑制了无序性的熵增），减少了"无用功"负荷。就像"看不见的大猩猩"实验中，"关注白衣服球队"就"看不见大猩猩"。专注时大脑算力强而能耗小。最高的专注，就是"心流"，贯通了无意识的能量，如象棋大师、音乐大师、舞蹈大师们忘我的工作状态，内心充满愉悦和满足感。

天资很重要，但出生已经决定了，后天可以拼的其实是专注的能力，也只有专注才可以测试你智力的天花板。所以，专注是对天赋的最好尊重。

人性实验室：看不见的大猩猩

认知心理学有一个里程碑式的实验：看不见的大猩猩。被试者观看一个30秒钟的视频，内容是身着白衣服的球队和黑衣服球队在练习篮球。要求被试者数清楚白衣球队传了几次球，几乎任何人都可以数清楚是15次。30秒结束时，实验负责人会问："你们看见大猩猩了吗？"当然没有！被试者十分肯定。但是，当重放视频时，画面显眼的位置就有一

个身穿黑色大猩猩服装的人，还用拳头捶了几下自己的胸口，然后离开。大部分被试者在第一次观看时都没有注意到大猩猩，他们甚至指责实验者第二次播放的不是同一个视频。被试者只关注白衣球员而让大猩猩消失了。

总须脚踏实地，克勤小物，乃可日起而有功。

没有比治军打仗更需要勤恳务实的了，敌情、粮草、武器、扎营、作息等每一个环节都疏忽马虎不得，每一个到位的细节聚合起来就是战斗力。所以，曾国藩说："克勤小物，乃可日起而有功。"

克勤小物，是从"眼高手低"迈向"眼高手高"的有效途径。

年轻干部刚出道时的"眼高手低"，可能是缺乏经验，头脑中的"知识"还没有转换为"技能"。如果能够专注地把一件事情做深做细，便可从其中悟出些道道来，因为管理认知更多的要靠实践中"体悟"来构建，这就是为什么干部都要经历基层锻炼。

凶德致败，莫甚长傲。傲之凌物，不必定以言语加人，有以神气凌之者矣，有以面色凌之者矣。中心不可有所恃，心有所恃，则达于面貌。以门地言，我之物望大减，方且恐为子弟之累；以才识言，近今军中炼出人才颇多，弟等亦无过人之处：皆不可恃。只宜抑然自下，一味言忠信，行笃敬，庶可以遮护旧失，整顿新气；否则，人皆厌薄之矣。

傲气凌人，虽嘴上没说话，但神态和气势已经让周围的人有压迫感，就像重庆言子儿所说的"衣襟角角儿都打人"。

"凶德致败，莫甚长傲"。很多厉害的人，能做事，也应该可以成事，甚至应该成大事，但他们往往错把傲气当气质，尤其是在顺风顺水的时候。凌物之气，犹如一股邪恶的能量侵凌人心，然后从他人身上加倍反击回来伤害自己。这些厉害的人，到最后可能都没明白害死自己的是什么。

长傲，可能是源自无意识的情绪。对管理者而言，长傲意味着某种能力的缺失，需要补课。如何补？

首先，觉察反省。每天睡觉前"回放"自己一天的凶德言行，用文字记录下来最好，这叫潜意识意识化。

其次，认知。职位比你低的人并不意味着能力不如你，所以你不要处处以拯救者的角色自居。即使你很优秀，也要给其他人留一些存在的空间。

再次，监督。定期请好友喝酒"照照镜子"，在民主生活会上请同志们提意见。只要你真诚，一定会获得真心的意见。

最后，"抑然自下，言忠信、行笃敬"。

注：中心，内心；凶德，违背仁德的恶行；长傲,滋长傲气；门地，门第；物望，声望。

胸多抑郁，怨天尤人，不特不可以涉世，亦非所以养德；不特无以养德，亦非所以保身。

曾国藩告诫弟弟曾国荃，愤懑抑郁，怨天尤人，不仅不利于为官任事，也不利于修德；不仅不利于修德，也不利于保养身体。

在职场，怨气重会严重扰乱你对事物的正确判断，给你带来更大的损失和伤害。

人性实验室：无意识情绪评估机制

研究记忆的神经科学家证实，无意识的情绪评估机制会干预我们有意识的认知系统做出的选择，把选择限制在"无意识情绪"想要的少数几个选项上。原因是像恐惧和怨恨这类深藏在无意识的记忆可以轻易被触发，比如"一朝被蛇咬十年怕井绳"、"逢着癞子说了疮"等等。于是，无意识会抑制、篡改外部信息和运算结果，进而做出不客观甚至最差的判断和决策。干部落选在职场上是一个常见的现象，这其中往往有很多原因，但是"忿郁"情结则会让很多人做出领导"不公"的判断，怨气便不自主地发泄出来。更坏的是，这样的人会拒绝"看见"自己的毛病和能力不足，职场的路自然会越走越窄。

　　正视自己人格的缺陷是痛苦的,但脓疮挑破后,病灶才可以暴露出来,才是疗愈的开始。

声闻之美，可恃而不可恃。善始者不必善终，行百里者半九十。

名声可恃，打点鸡血，享受；名声不可恃，因为越是接近成功时，困难与矛盾可能更多，越容易滋生骄傲或懈怠情绪，从而销蚀你的能量，让你最终功亏一篑，所谓"行百里者半九十"说的就是这样。

精神愈用而愈出，不可因身体素弱，过于保惜；智慧愈苦而愈明，不可因境遇偶拂，遽尔摧沮。

用曾国藩的话做一副对联：
精神愈用而愈出；
智慧愈苦而愈明。

精神，是生命内核产生的"电磁力"，能保护自我，应对生活中诸如挫折、困苦、孤独等负能量的侵袭，以适当的压力和温度呵护生命。没有精神，人就像内核已经冷却而没有电磁力的火星。精神一旦被彻底摧毁，肉体也不复存在，比如，心理暗示致人死亡、重度抑郁的人会自杀。

智慧，智与慧，分三层：第一是学习和模仿的能力，第二是认识事物本质的明察力，第三是认识自我的明察力（通达自己内心）。依次是看见、观照、觉悟。人与人之间的差异主要在后面两点。比如，挫败，既可以启迪心智，也可以蒙蔽心智；苦难，既可以让人更坚强，也可以摧毁人的意志；孤独，既可以让人清醒，也可以让人惶恐，等等。换句话说，智慧的高下最终体现为对待世界的态度和赋予行为意义的差异。

求人自辅,时时不可忘此意。

求人自辅,指找贤能的人来辅助自己。

小团队的头,要像一个保姆,亲力亲为。随着职位的升高,团队成员越多,管理重心从理事转向管人、用人。用今天的话说,就是搭班子、带队伍。

"求人自辅",关键是让人才能够尽情施展才华。当年韩信这样的军事天才,在自恋型领导项羽手下完全找不到感觉,而刘邦则可以让萧何、张良、韩信每个人各展其长,这就是领导力的差距。曾国藩一介书生能够成就千秋伟业,最重要的是善于识人和用人。

如果主要领导凡事亲力亲为,大小事管完,不但自己很累,也让班子成员没有存在感。往小的说是角色认知不到位,往大的说是能力不够。古语说"使鸡司夜,令狸执鼠,皆用其能,上乃无事"。如果序位错乱,则生乱象。

领导班子是否有活力,决定了一个公司的兴衰与成败。在没有完全"组阁"权的国企里,要带出一个团结、高效的班子,非常考验主要领导的智慧。这也是国企组织行为研究的重要课题。

不亲进,不轻退。

把长期收益与风险放在第一位,不轻易进攻,也就不会轻易撤退。打仗如此,经商如此,结交朋友亦如此。

稳,是曾国藩的一贯作风。

一经焦躁，则心绪少佳，办事必不能妥善。

官员是劳心又劳力的职业。一个好官，除了过硬的三观外，还要有"勇士"的气质——较高的抗压能力，这关乎成就感和获得感，也关乎家人的快乐。

一个人的抗压能力，既来之先天，也靠后天的修炼。

> 人生适意之时不可多得。弟现在颇称适意，不可错过时会，当尽心竭力，做成一个局面。

"时来天地皆同力，运去英雄不自由"。机遇来了，当顺势而为，借势而进，乘势而上。

曾国荃连续收复抚州、建州两地，拿下军事重镇吉安也指日可待，迎来仕途崛起的机遇期。所以，曾国藩信中说"弟现在颇称适意"，鼓励曾国荃"不可错过时会（机遇），当尽心竭力，做成一个局面"。这个"局面"终于在五年后做成——曾国荃攻克太平天国都城天京，因功赏太子少保衔，封一等威毅伯，赐双眼花翎。

抓住机遇或捕捉机会，不是"瞎猫撞上死耗子"，而是三观层面的一种能力。运气不可控，只能管控自己的时间、身体和思想，一旦风起，纵身一跃，即所谓"君子藏器于身，待时而动"。

吾因本性倔强，渐近于愎，不知不觉做出许多不恕之事，说出许多不恕之话，至今愧耻无已。

修炼的第一步，是敢于承认自己的过错，敢于面对自己的耻辱，敢于剖析人性的卑劣。

日慎一日，以求事之济，一怀焦愤之念，则恐无成。千万忍耐，忍耐千万。"久而敬之"四字，不特处朋友为然，即凡事莫不然。

　　吉安城即将攻克，成功在望，曾国荃却病倒了，当哥哥的开出"四字"良方：千万忍耐！

　　现代人修炼的方式很多：宗教、冥想、心理分析等。曾国藩的方法最狠，在事上磨砺自己，咬紧牙关，久而敬之。

　　注：咸丰八年，曾国荃围攻吉安城，当时因盛暑鏖兵，热湿郁蒸，患病疫者达千余人之多。军中暴发疟疾，曾国荃也病倒了。

余死生早已置之度外，但求临死之际，寸心无可悔憾，斯为大幸。

生与死，人生的大问题。对生与死的认知，东西方有很大不同。

在西方基督教文化里，个体的身份由上帝确认。所以一个人如果按照上帝的指引做事，死后灵魂就可以得救，即使做了坏事，只要在上帝面前真心承认自己的罪过，也可以求得上帝原谅的。

在东方，三千年前的周人就不再"尚鬼好祭祀"，而是"兴礼乐重人文"，强调人的主体性，如《易经》乾卦说"天行健，君子以自强不息"。一个人只有"尽人事"才能"立命"——确认自己的身份。如果一个人努力不够以致没能做成，辜负上天赐予的天赋，是要遭到别人指责讥笑的，自己也会产生悔恨。如果尽力了，仍然没做成，别人也不会为此讥笑你，"临死之际，寸心无可悔憾"。

人类是唯一可以定义时间的物种，可以在过去、现在和未来的时空里自由穿梭。人生的意义、快乐与痛苦也由此产生。今天的我对昨天的我应该行动而没有行动或做了不该做的事而进行事后追责，叫作"悔"；今天的我对明天可能发生某种不好的事情的预警反应,叫作"忧"。今日的"忧"可能变成后天的"悔"。

　　解决过去的(悔)和未来(忧)的问题,都只能是现在,因为时空隧道的入口只有一个:当下。

　　生而尽力,死而无憾(至少少憾)。

习劳为办事之本。引用一班能耐劳苦之正人，日久自有大效。

曾国藩依靠"一班能耐劳苦之正人"，干出了一番大事业。

曾府的幕僚前后有五百人之多，聚集了候补官员、法学家、数学家、天文学家和机械师等各类人才。曾国藩善于因材施教，但"习劳"是对每个幕僚的基本要求。

不轻进人，即异日不轻退人之本；不妄亲人，即异日不妄疏人之本。

曾国藩说，为了不轻易辞退人，关键在不轻易进人；为了不随便疏远朋友，根本是不随便结交朋友。

"不妄亲人、不妄疏人"，就是建立安全的心理边界。比如朋友，只能"救急不救穷"（关键时候给予必要支持），如果大小事包办，有朝一日帮不了他就是你的错（他会把之前的恩惠忘得一干二净），所谓"升米恩，斗米仇"。

人性实验室：扎好心理边界的篱笆

2021初发生的湖南高院女法官遇害案中，罪犯向某因为她的同乡、校友（有说闺蜜）未能帮忙而心生怨恨就故意杀人。在向某心里，作为同学的高院女法官"理所当然"应该帮助她打赢官司（犹如婴儿对母亲的要求），一旦不如所愿，就完全归罪于对方。罪犯向某完全突破了她同学的心理边界，混淆了自己与别人的责任。依赖型人格的人，一有机会便试图进入对方领地，一旦被其突破，就变成一种控制关系。当关系终结时，则有被抛弃被毁灭的体验，可能做出伤害对方的行为。

所以，扎好心理边界的"篱笆"，保护自己，保护家人，也保护他人。请记住曾国藩的话"不妄亲人，即异日不妄疏人之本"。

天下古今之庸人，皆以一惰字致败；天下古今之才人，皆以一傲字致败。

普通人（庸人）因为懒惰而一事无成，有才能的人因为傲慢而失败。这是常识。

有中国元宇宙第一架构师之称的刘慈欣说过一句十分经典的话：弱小和无知不是生存的障碍，傲慢才是。

傲慢的人，往往有"拯救者"心理，其傲气易压迫、刺痛身边人，从而慢慢地为自己树立敌人；傲慢的人，内心被自己过往的成功和经历所填满，没有任何空间来容纳新的东西，不再虚心学习，不再有好奇心和求知欲；傲慢的人，他们因大脑的抑制功能被削弱而认知失调，狂妄而不知敬畏，轻视别人的意见，低估敌人的能力，就像失去刹车而飞驰的汽车一样危险。

欲去骄字，总以不轻非笑人为第一义；欲去惰字，总以不晏起为第一义。

曾家势力如日中天（曾国藩署两江总督正一品，曾国荃任安徽布政使从二品，曾国葆也统兵五千），在老家的子弟不免生出些骄气和惰气，这让作为长兄的曾国藩感到深深的不安。人生不容易，每个人都可能遇到难堪窘迫的处境。戳人"伤疤"的言语，句句如刀剑刺伤他人的自尊，是在给自己和家人埋下祸根，背后都是"傲"字作祟。而"惰"字与"耕读传家"是相悖的。

轻易嘲笑别人，是无知和缺乏同理心的表现，正如莎士比亚所说：没有受过伤的才会讥笑别人身上的疮痕。

君子的修炼，是修身并齐家。用今天的话说，领导干部既要严于律己，还要管好家人、身边人。曾国藩把"去骄去惰"作为曾家的惜福之道，在因贫富差距导致社会张力增大的今天，对领导干部和企业家等阶层依然有现实意义。

注：老家的四弟曾国潢（字澄侯）来信中"有一种骄气"：开口便道人家长短，讨厌人家俗气，嫌弃人家粗鄙，揭露人家隐私等，曾国藩认为这不是好气象，因为"骄"蕴

藏祸根（骄则满，满则倾）。所以告诫弟弟们惜福之道：一是去骄字，千万不要轻易讥笑别人；二是去惰字，千万不要睡懒觉（晏起）。

凡办大事，半由人力，半由天事。吾辈但当尽人力之所能为，而天事则听之彼苍而无所容心。

历史竞争的轨迹从来不是线性的。

1815年6月18日，比利时一个叫滑铁卢小镇的山丘上，惠灵顿公爵所指挥的反法联军士兵们正遭受着寒冷、潮湿的折磨。但是，正是这场暴雨所致的泥泞、湿滑，放大了防守的地利优势而大大削减了法军的炮火优势，加上拿破仑的轻敌和失误，滑铁卢战役在一天之内以法军溃败而结束，拿破仑帝国被终结。几天后，他被流放到大西洋上的圣赫伦岛。

曾国藩认为，非线性的历史轨迹是由人力与天事两股主要力量决定的。

"尽人力"，是生而为人的自觉。努力不一定成功，放弃肯定失败。比失败更让人痛苦的，是"未尽力"的悔恨；"尽人力"，是把资源和精力放在你能掌控的事情上（不是在你不擅长的地方一条道走到黑）。

"由天事"，是让我们对世界保持敬畏心，不断加强对规律性的认识，也是让我们在失败后不会揪着自己不放，而是"擦干眼泪，相信未来"。比如2020年全球新冠肺炎暴发，很多留学、就业的录取通知书拿到又被取消，他们的人生轨迹由此改变，但他们依然会继续前行。

注：曾国藩的兄弟曾国荃攻打南京，欲建"天下第一功业"。曾国荃血性悍鸷，想问题简单，对兄长的教诲一直不大认同，甚至觉曾国藩是胆小愚拙。但是，曾国荃围攻南京近三年，任凭他用尽各种办法，近在眼前的"头功"就是不能到手。内忧外困，使刚满40岁的曾国荃头发白了一半，"肝疾"已深，脾气坏到极点，整个人到了崩溃的边缘。作为兄长的曾国藩不断地写信开导他：像攻克南京这样的大事情，主动权在上天，不在你我兄弟手里，只要尽了人力，心就可以放下了。

天事，上天对人事的反映；无所容心，毫不在乎。

凡说话不中事理、不担斤两者，其下必不服。

领导讲话，能切中要害，有担当，方能让群众信服。

讲话条理清晰，语词新奇，有感染力，叫有口才。口才，来自理论修养，是领导的基本素质。

尤其教练型领导，都具备理论功底，他们有一套自己的语言，这样的语言比较接地气，为下属所熟悉，为下属所接受。如稻盛和夫，如任正非。

所以，口才也是管理能力的一部分，也是修身功课之一。

凡事后而悔己之隙，与事后而议人之隙，皆阅历浅耳。

后见之明，人类的"痼疾"之一。

当不好的结果出现时，我们大脑会生出"真知灼见"，以教训的口吻议论别人的疏漏，或责怪自己当初没能拿出最优的方案，因为我们习惯于简单的因果推理——坏结果一定是坏决策，好结果一定是好决策。后见之明，在今日网络上随处可见，成为滋生网络暴力的因素之一。

如果一个人不反省自己的思维方式，不去探究事情背后的复杂性和事物发展的规律性，而总是习惯于简单的线性思维，那么他永远不会从失败中吸取教训，一辈子停留在"事后诸葛亮，事前猪一样"的认知水平。

注：隙，失误。

凡军事做一节说一节,若预说几层,到后来往往不符。

战场瞬息万变,一些变量消失,新的变量加入,所以战术指挥者应"做一节说一节",这也是曾国藩稳扎稳打的湘军作风。

办大事者以多选替手为第一义。满意之选不可得，姑节取其次，以待徐徐教育可也。

曾国荃在哥哥的关照下步入仕途黄金期。咸丰十一年（1861）九月攻克安庆，因功加布政使衔（5个月后升江苏布政使从二品）。他的"吉字营"也不断壮大，有一万八千多人。曾国藩要他尽快提拔两个统带，每人统兵五六千，自己带兵七八千，这样可分可合，便于指挥。所以他指点弟弟：凡办大事的人，应以选拔能够代替自己的干部为第一要务。没有完全合格的，就选用次优者，来慢慢培养。

后备人才是战略资源。"蜀中无大将，廖化作先锋"，蜀汉最后的衰败跟后备人才不足有直接关系，在人才培养方面蜀汉不如魏国。

"多选替手"，既为组织利益计，也为自己升迁搭台阶。曾国藩诚不我欺也。

沅弟谓雪声色俱厉。凡目能见千里，而不能自见其睫毛。声音笑貌之拒人，每苦于不自见，苦于不自知。雪之厉，雪不自知；沅之声色恐亦未始不厉，特不自知耳。

曾国荃和彭玉麟都是高级干部（从二品），但二人嫌隙已深。曾国荃在给哥哥的信中说彭玉麟"声色俱厉"，难以相处。曾国藩说，人的眼睛能见千里，但却看不见自己的睫毛。同样的道理，傲慢拒人的态度，糟糕之处在于不自见、不自知。彭的厉色，彭不自知，九弟你的声色恐怕也未必不严厉，只是你不自知罢了。

控制自己的情绪，可以每天临睡前问问自己：今日的负面情绪有几次？为何要发？第二天上班前照照镜子，比较"厉色"和"微笑"两种面孔，看自己喜欢哪一种。

人性实验室：面部表情解读

对面部表情的解读是人类与生俱来的社交能力。婴儿6个月能够轻松记住一张面孔，1岁能识别房间里对他友善的人。看见微笑时，我们大脑奖赏中心的神经回路很容易被激活，与看见美景、美女和吃吃巧克力以及中彩票是一样的回路；而面对严厉的面孔，与"恐惧中心"有关的神经回路更容易被激活，产生压迫、厌恶、愤怒等情绪，所以厉色拒人千里。

微笑，是一种高度愉悦的行为，不仅是对自己的奖赏，还是社会交往的重要信号——传递信任与活力，而疾言厉色则传递焦虑和猜忌，是管理的减分项。所以，情绪调节是职场必修课，控制好面部肌肉的运动，心底里的张力和焦虑需要以合适的方式释放。

注：雪，即彭玉麟，字雪琴。他早年投笔从戎，跟随曾国藩创建水师，为剿灭太平军立下赫赫战功。官至两江总督、兵部尚书。湘军水师成为后来李鸿章北洋水师的主要力量，所以彭玉麟是中国近代海军的创始人。他还以画梅名世，曾有诗作云：一生知己是梅花，魂梦相依萼绿华。别有闲情逸韵在，水窗烟月影横斜。

每日临睡之时，默数本日劳心者几件，劳力者几件，则知宣勤国事之处无多，更宜竭诚以图之。

曾国藩不愧为师之楷模，辨义理，明白浅显；给方法，简单易行。

职场中，有很多人终日辛苦忙碌，但始终业绩平平，能力不见长，背后的问题可能是缺乏目标感，嘴上说要事优先，行动上无条理，精力、资源不聚焦。不妨学学曾老师的方法，临睡前问自己：计划的事情完成得如何？没做好的原因是什么？为什么要做这些事？坚持每天与自我对话，慢慢会接近自己最想要的。

从古帝王将相，无人不由自立做出。即为圣贤者，亦各有自立自强之道，故能独立不惧，确乎不拔。余往年在京，好与诸有大名大位者为仇，亦未始无挺然特立、不畏强御之意。近来见得天地之道，刚柔互用，不用偏废。太柔则靡，太刚则折。刚非暴戾之谓也，强矫而已；柔非卑弱之谓也，谦退而已。趋事赴公，则当强矫；争名逐利，则当谦退。

曾国藩论"自强自立"与"刚柔之道"。

生而为人，自立自强，才能独立不惧。但是，这种独立，不是旷野里孤独的迎风浪漫，而是确认的自我真正成为集体一员的自信与自律。换句话说，是通过主体性与共融性的协调平衡来达成自我身份的转化与认同，而平衡的手段就是刚柔之道。

刚柔互用，不用偏废。太柔则不能自立（柔靡下去就是躺平）；太刚容易折断。刚不等于暴戾，而是坚定不移（强矫），大事讲原则，困难面前不屈服；柔不等于卑弱，而是知退让，能妥协，小事不纠缠。为事业、为国家，要坚定不移，而争名夺利，就应谦虚退让。

众口悠悠，初不知其所自起，亦不知其所由止。有才者忿疑谤之无因，因悍然不顾，则谤且日腾。有德者畏疑谤之无因，而抑然自修，则谤亦日熄。吾愿弟等之抑然，不愿弟等之悍然也。

曾家名声大了，流言蜚语自然跟着而来。对待流言蜚语有两种态度：一是悍然不顾，二是抑然自修。曾国藩要求家人"夹着尾巴做人"，从根处来防范风险。

今天，贫富差距引发的张力是很多社会问题的根源。位居社会上层的官员和富人，"抑然自修"可能是平息流言蜚语的最好方式。

> 古来成大功大名者，除千载一郭汾阳外，恒有多少风波，多少灾难，谈何容易！愿与吾弟兢兢业业，各怀临渊履薄之惧，以冀免于大戾。

"千载一郭汾阳！"

这是曾国藩在胜利前夜发出的历史感慨。攻克天京，弟弟曾国荃将是终结太平天国的第一功臣，曾国藩和他的湘军都将被载入史册。但历史最是无情，很多创造历史的人，最后又被历史无情地鞭打，让家族遭受灭顶之灾。曾国藩此时的最大心愿就是兄弟平安，希冀上天不要怪罪曾家（免于大戾）。

所以，当天京攻克后，曾国藩便"自剪羽毛"——裁撤湘军，让曾国荃称病开缺回籍，终于保全了自身，保全了家人。

盛时常作衰时想，上场当念下场时。富贵人家宜牢记此二则。

曾国藩位极人臣，曾家如日中天。但是曾国藩却叮嘱在老家的弟弟曾国潢：宜好好静养，莫买田产，莫管公事，牢记两句话：

盛时常作衰时想，上场当念下场时。

居安思危是智慧，富贵人家能够真正明白的不多。

军事呼吸之间,父子兄弟不能相顾,全靠一己耳。

曾国荃正在南京雨花台与太平军将领李秀成鏖战,当哥哥的自然是千方百计地救援。但相隔太远,一封信要十多天,收到信时,可能"凶锋已过",一日收不到前方信息,曾国藩寝食难安,只能默默祈祷老天护佑弟弟平安。所以说,"军事呼吸之间,父子兄弟不能相顾,全靠一己耳"。曾国藩的焦灼,可见雨花台大战的危急和惨烈。

凡危急之时，只有在己者靠得住，其在人者皆不可靠。恃之以守，恐其临危而先乱；恃之以战，恐其猛进而骤退。

曾国藩告诫弟弟曾国荃：危急之时，只有自己掌握的（人、武器、粮饷）靠得住，在别人手里的皆不可靠。想倚靠别人防守，恐怕他们临危先乱；想倚靠别人进攻，恐怕他们攻得太猛而退得太快。

曾国藩这段话有两层意思：

第一，关键时刻，真正靠得住的只有自己。"在己者"，即自己拥有的能力或资源，比如核心技术。

第二，在关键时刻，领导必须亲自上阵，事关生死存亡的决策唯有自己拿主意。

吾兄弟誓拼命报国，无论如何劳苦，如何有功，约定终始不提一字，不夸一句。知不知，一听之人；顺不顺，一听之天而已。

雨花台战役，曾国荃以三万人对抗李秀成的三十万大军。曾国荃左腮被炮弹炸伤，忍痛从容指挥。血战44天，最后以太平军士兵尸体填满壕沟、李秀成全线撤围而结束。

曾国藩对弟弟是十分心痛和万分感慨：弟弟受伤，血流裹创，忍痛骑马，周巡各营，以安军心，天地鬼神，实鉴此忱。但是，你我兄弟既然发誓报效国家，那么无论多么辛苦，多么有功劳，都约定始终在别人面前不叫一声苦、不自夸一句。理不理解是别人的事，顺利与否是老天的事。

真正的志向，是对天命的承诺。一旦行动，就会坚定不移地走下去，过程的苦与乐与他人无关。所以，无需叫苦，无需自夸，最后成不成，是老天的事。

凡行兵须蓄不竭之气，留有余之力。

曾国荃能够在雨花台血战中击溃数倍于己的敌人，其中一条就是坚持不浪战，即采用深沟高垒的缩营自保策略，待敌人靠近壕沟才用大炮，有力地消灭敌人而最大程度保存自己，在曾国藩截断太平军的粮草后，李秀成不得不自行撤围。

不只是行兵，人生路上皆应"蓄不竭之气，留有余之力"。

很多事情拼的不是一时的激情，而是长久的坚持。但是生活中却有很多人总想"用短跑的方式赢得马拉松"。比如，现在有些所谓的"鸡娃父母"，为了学习成绩，硬生生在小学阶段就把孩子的学习兴趣和潜力耗尽。

吾兄弟报国之道，总求实浮于名，劳浮于赏，才浮于事。从此三句切实做去，或者免于大戾。

　　曾国荃在雨花台大战中因功获朝廷特别嘉奖。但是，荣誉越多，名望越大，曾国藩内心越不踏实。他一直思考着要如何做才能让家族避于灾殃（大戾）。

　　曾国藩的做法：贡献要大于（浮）名利，勤劳要超过奖赏，才能要超越所担负的责任。

　　道德与智慧殊途同归。

强自禁制，降伏此心，释氏所谓降龙伏虎，龙即相火也，虎即肝气也。多少英雄豪杰打此两关不破，亦不仅余与弟为然，要在稍稍遏抑，不令过炽。古圣所谓窒欲，即降龙也；所谓惩忿，即伏虎也。释儒之道不同，而其节制血气未尝不同。总不使吾之嗜欲戕害吾之躯命而已。至于倔强二字，却不可少。功业文章，皆须有此二字贯注其中。否则，柔靡不能成一事。孟子所谓至刚，孔子所谓贞固，皆从倔强二字做出。吾兄弟好处正在倔强。若能去忿欲以养体，存倔强以励志，则日进无疆矣。

曾国藩说：去忿欲以养体，存倔强以励志。

倔强，是主体性与共融性的有机统一——向内，自我身份确定，自立自强，心理边界清晰；向外，将生而为人的责任转化为融入社会的热情，把生命的能量有序贯注于"功业文章"。所以，倔强者，遇挫折而坚定不移，虽辛劳而认知平衡。

而忿欲，是欲望驱动的"邪气"，生命的能量在体内无序窜扰而戕害五脏六腑，同时向外伤害周围无辜的人，就像一部装有大马力引擎而刹车不好的汽车一样危险。恣欲之发，与环境有关，与基因的易感性有关。

倔强和恣欲，一个硬币的两面，都来自生命的能量之火——攻击性。敢于承认自己的缺陷（无论是遗传还是创伤），敢于疗愈自己，将原始的能量转移、升华为服务社会的创造与担当，是一生的功课。

人性实验室：生命的倔强

2019年，一辆冲上绿化带的超载重型渣土车，让16岁的安徽少年周桐永远失去了左小腿，也错过了中科大少年班的选拔。他前后进行了8次手术，在病房里一边输液一边学习。在2021年的高考中，他取得了684分，安徽省理科171名的好成绩，通过"自强计划"收到了来自清华大学的橄榄枝。

"士不可以不弘毅，任重而道远"。网友们称赞他：装着假肢、挂着拐杖，却能以最美的姿态跨过梦想的窄门。他身上有一种精神，叫倔强。倔强，让他知道自己是谁，忘了自己的缺陷，看见自己的价值。

自古圣贤豪杰、文人才士，其志事不同，而其豁达光明之胸大略相同。吾辈既办军务，系处功利场中，宜刻刻勤劳，如农之力穑，如贾之趋利，如篙工之上滩，早作夜思，以求有济。而治事之外，此中却须有一段豁达冲融气象。二者并进，则勤劳而以恬淡出之，最有意味。

曾国藩说，人生"勤劳而以恬淡出之，最有意味"。

自我的两个世界：小千世界和大千世界，两个世界既相互联系又相互独立，这是由人的主体性和共融性所决定的。

小千世界，是以方寸为中心，延伸出来的静谧、浪漫的书房、艺术或兴趣空间，好似寒冷冬日里也有花朵的花房，又似干燥炙热的沙漠里也有清泉的绿洲。小千世界的豁达冲融气象让自我从容自在、欢欣悦怡。

大千世界，就是群居的社会和自然空间。没有独自生存的基因决定了我们渴望成为比自己更强大更高尚集体的一员，通过劳作与创造、合作与分享来诠释生命的价值。

在大千世界里释放勤劳进取的快感，在小千世界中享受豁达冲融的乐趣，是中国古典浪漫主义的完美体现。

舍命报国,侧身修行。

曾国藩越是顺境,越知敬畏。

同治元年(1862)正月,曾国藩奉旨任两江总督协办大学士(正一品),弟弟曾国荃授浙江按察使,一年后又擢升浙江巡抚。"一门之内,迭被殊恩",曾国藩不由得感叹惭悚何极。他一边具折叩谢,一边以"拼命报国,侧身修行"八个字与弟弟共勉。

但世上有很多人德不配位。比如近十年垮掉的数百位高官,曾经都是为国家做了贡献的,之所以未能善终,关键是他们心中有妄念——认为一切都是自己的才能和努力所得,对社会无感恩,对天地无敬畏。他们的家人骄横放肆,肆无忌惮地敛财,老天的惩罚自然就来了。

舍命报国是志向,侧身修行是智慧。

注:侧身,戒惧不安。

吾辈所最宜畏惧敬慎者，第一则以方寸为严师，其次则左右近习之人，又其次乃畏清议。

方寸，人的良心。

领导干部最应该畏惧敬慎：第一是"以方寸为严师"（不自欺、有原则、守规矩）；第二管好身边的家人、秘书、司机等；第三惕厉媒体的批评。

注：方寸，即内心；近习，身边。

担当大事,全在明、强二字。《中庸》学、问、思、辨、行五者,其要归于愚必明,柔必强。

博学、审问、慎思、明辨、笃行,是古人治学和修身的五种功夫,王阳明称之为"知行合一并进":

学不能以无疑,则有问,问即学,即行也;

又不能以无疑,则有思,思即学,即行也;

又不能以无疑,则有辨,辨即学,即行也;

辨即明,思即慎,问即审,学即能,又不息其功,斯之为笃行。

一个普通人,首先要承认自己的禀赋差异,承认自己弱小和无知,然后修炼五种功夫,付出比别人多得多的努力,就一定可以变得聪明和强大。

无形之功不必腾诸口说，此是谦字之真功夫。所谓君子之不可及，在人之所不见也。

曾国荃与李秀成的雨花台大战，打乱了太平军的战略布局，减轻了南京周边的军事压力，使得浙江的左宗棠、上海的李鸿章在当地的军事进展得以顺利推进，他们也因此立功受奖，但二人并没有因此而感谢曾国荃。这让曾国荃很是不爽，给哥哥曾国藩写信要求这些情况上奏朝廷，以为自己赢得更多应有的奖赏。曾国藩不认同弟弟的做法，他说：这些无形之功，没必要到处去说（腾诸口说），这是谦字的真功夫。古人说"君子的德行之所以高于一般人，就在于这些别人看不见的地方"。

组织行为中，业绩指标是明面上的东西，只是呈现给别人的一些数据而已，真正的功夫是战略考量、人才培养、员工活力等隐性的部分。一般人只看见别人头上的光环，不会去关心过程，这也是为什么很难复制一个先进公司的原因。所谓"君子之不可及，在人之所不见也"。

强字原是美德，余前寄信，亦谓明、强二字，断不可少。第强字须从明字做出，然后始终不可屈挠。若全不明白，一味横蛮，待他人折之以至理，证之以后效，又复俯首输服，则前强而后弱，京师所谓瞎闹者也。

曾国藩说："不明"之"强"，是瞎闹。

当年刘备为报吴夺荆州、杀害关羽之仇，携称帝之盛威，率大军攻打吴国。吴将陆逊为避其锋芒，坚守不出。蜀军长途行军，后勤补给困难，时值盛夏，士气渐落。刘备为缓解士兵暑热之苦，在山林中安营扎寨。陆逊乘机火攻蜀营，火势在蜀军营寨木栅和林木间蔓延，连破四十余营，蜀军"国之精锐，尽于夷陵"，蜀汉从此不振。这就是著名的"夷陵之战"，又称"火烧连营"。

夷陵之战中，面对来势汹汹的蜀军，陆逊"避其锋芒"，是"明"，之后看准时机火烧连营，是"明强"；而刘备"舍舟登陆"和"步步为营"，是"不明"。

注：第，但是。

君子大过人处,只是虚心。

虚,空也。因为虚怀若谷,所以能容纳万千事物。因为他"知道自己不知道",所以对世界敬畏并抱有好奇心,不会因点滴所得而自满,也不会因别人的批评而否定自己。相反,一个人的内心被他自己的东西填满了,也就没有容纳未知和他人的一席之地了,叫"不虚心"。

真正虚心的人很少。一个电视节目的嘉宾说:"这么多年,虚心纳谏的领导我一个都没有碰到过,虚心纳妾的倒是不少。"话虽刻薄,但切中人性。曾国藩也说:"凡督抚是己非人(认为自己对,别人错),自满自足者,千人一律。"连总督、巡抚这样的高官尚且如此,更不用说一般人了。

"是己而非人,俗之同病"。作为领导干部,要警醒自己:德行和见识不会随着职位升迁而自然提升。

大凡办一事，其中常有曲折交互之处，一处不通，则处处皆窒矣。

管理者的职责之一，就是打通关键环节，同时在模糊地方给下属指明方向。

古来大战争、大事业，人谋只占十分之三，天意恒居十分之七。往往积劳之人，非即成名之人；成名之人，非即享福之人。吾兄弟但从积劳二字上着力，成名二字则不必问及，享福二字更不必问及矣。

曾国藩以历史观照现实。

"往往积劳之人非即成名之人"，如诸葛亮六出祁山北伐终无所获而病死五丈原；"成名之人非即享福之人"，如淮阴侯韩信功高无二，最后因功高盖主被杀，全家被诛灭。曾国藩认为，他和弟弟功名显赫是上天的眷顾。所以，更应该战战兢兢、如履薄冰，他要求弟弟"但从积劳二字上着力，成名二字则不必问及，享福二字更不必问及矣"，最后终于得以保全。

道德与智慧，殊途同归。

俭以养廉，直而能忍。

曾国藩对弟弟们的劝诫：俭以养廉，直而能忍。

曾家声名显赫，在老家的曾国潢开始大兴土木，曾国藩对此大为不满，批评他修建的曾祖父祠堂"规模太大，手笔太廓"，并阻止修建祖父和逝去的两位兄弟的祠屋。带兵的九弟曾国荃花钱也是了得，曾国藩批评他"用人太滥，用财太侈"。

富贵人家一旦放纵，其子弟很容易陷入欲望的旋涡而不能自拔。所以说，奢华可能是留给侵蚀者的"后门"，而勤俭才是守护心灵的"防火墙"。

用人极难，听言亦殊不易，全赖见多识广，熟思审处，方寸中有一定之权衡。

做领导难，最难在用人。用人难，因为人性复杂。

首先，世上没有完人，能用其所长、避其所短，就是用得好，这取决于领导者自身的胸襟和见识。如果领导内心镜子是洁净的，则可能比较清晰、准确映出对方的形象。

其次，在复杂的环境里，对可用之人的使用，领导还得权衡各方利益。

富贵功名，皆人世浮荣，唯胸次浩大是真正受用。

　　曾国藩的祖师、理学奠基人之一程颢有一首诗《秋日偶成》，可以很好地体现"胸次浩大"：

　　　　闲来无事不从容，睡觉东窗日已红。
　　　　万物静观皆自得，四时佳兴与人同。
　　　　道通天地有形外，思入风云变态中。
　　　　富贵不淫贫贱乐，男儿到此是豪雄。

　　胸次浩大者，内足自立，心境超然。当风雨如晦、鸡鸣不已之时，内心依然空灵。达此境界的人是豪雄，不可征服。

吾屡教家人崇俭习劳，盖艰苦则筋骨渐强，娇养则精力愈弱也。

习劳，既"野蛮其体魄"又"文明其精神"。

神经生物学研究发现，当运动量达到一定程度后，大脑会释放一种叫类啡肽的"快乐因子"，有利于消除疲劳和压力，改善睡眠。相比身体锻炼，劳动又多了创造的价值。比如，做一餐美食犒劳自己和家人，其意义不言而喻。

今天，如何习劳？

第一，家务自己做。每周一次大扫除；自己做饭，现在的智能炊具，已经为制作营养、丰富的三餐提供了极大的便利；花园自己打理，每年秋天给栅栏上一次漆等等。一年下来，可节省不少钱。

第二，安排孩子做一些力所能及的家务，比如，整理自己房间，清洗自己的衣服等。从劳动中的辛苦，孩子可以体会到做事情的不容易，从而懂得珍惜，懂得尊重他人的劳动，对其一生的成长都很重要。2022年发布的《义务教育劳动课程标准》，将劳动从原来的综合实践课程中独立出来，要求"每个孩子都要学会煮饭炖汤、修理家电、种菜养禽、整理收纳……"，其要义就在于此。

第三，每天坚持一定强度的有氧运动。

既奢之后，而返之于俭，若登天然。

由俭入奢易，由奢入俭难，这是人性。

西方先哲塞涅卡曾说，一味追求食物精美是生活奢侈的标志，但不愿再吃家常便饭就是精神疾病的先兆了。他的话，被两千多年后的精神病学所验证。

奢侈不等于喜欢，很多人要的只是奢侈品所象征的财富、圈子等东西；外在的奢，可能正是内在匮乏的体现，比如月入一万，借贷买个二十万的包包等远超自己经济能力的消费行为。

在物质丰富的今天，奢与俭，没有固定的标准，完全由个人的生活方式和价值观决定。只要真正喜欢、不被"物控"、不越社会公序良俗的消费，就是健康的。

小心安命，埋头任事。

小心安命，是一个人通达自己内心，懂得天命的诉求，明白自己的天赋之后的思想自觉；然后埋头干事，把脑力和时间贯注于最重要的事情上，不再与无关的人和事纠缠，每天进步一点，努力去遇见更好的自己。

不如意之事机，不入耳之言语，纷至迭乘，余尚愠郁成疾，况弟之劳苦过甚，百倍于阿兄，心血久亏，数倍于阿兄者乎！弟病非药饵所能为力，必须将万事看空，毋恼毋怒，乃可渐渐减轻。蝮蛇螫手，壮士断腕，所以全生也。吾兄弟欲全其生，亦当视恼怒如蝮蛇，去之不可不勇。

此信写于曾国荃的至暗时刻。

江南很多城市均已从太平军手中收复，唯独南京尚无把握。各种"不入耳之言语，不如意之事机"纷至沓来，让曾国荃"肝病已深，痼疾已成，逢人辄怒，遇事辄忧"。曾国藩得知后十分担忧，写信给曾国荃说，此病的根在"恼怒"，要他"将万事看空"，并拿出壮士断腕的决心和勇气，斩断如蝮蛇般凶猛之"恼怒"，方能保全其生。

曾国荃的恼怒在体内已经成"魔"，随时都能要他的命。曾国荃的"心魔"终于在几个月后（同治三年七月）攻陷南京城而彻底释放出来——纵兵焚烧抢掠数日，血洗全城。

人性实验室：恼怒与攻击性

恼怒是一种攻击性，是大脑的一种应急反应，就像我们的祖先在丛林里面临重大威胁时那样，交感神经兴奋，调动血液涌向心脏，分泌大量的肾上腺素，心跳和呼吸加速，进入战斗或逃命状态。应急攻击，是以牺牲消化、修复、生长为代价的。如果长时间处于应急状态，我们的机体无法储备能量，无法思考和学习，将极大地伤害身体健康。这就是恼怒让曾国荃险些丧命的原因。

控制情绪的能力是生物和文化双重进化的结果。在漫长的进化历程中，人类通过自我驯化——控制情绪反应的系统被选择，一方面原始的攻击本能转化升华为创造性，另一方面群体会放逐或杀死攻击性过高的人（历史上那些过于残忍的人，如暴君、酷吏，最终都会被消灭）。情绪控制的能力，也是道德的一部分，正如古人所说"愤欲忍与不忍，便见有德无德"。

攻击性是我们生命的能量，失去攻击性就失去生命的活力；而任由攻击性肆意妄为，不但戕害己身，还伤害他人，更于事无补。唯一的办法是"修通"攻击性——学习看见自己的心，改变那些非理性的信念，将欲望升华为人生的志向，在大千世界里劳作和创造。

注：愠，含怒、怨恨。

弟信于毁誉祸福置之度外，此是根本第一层功夫。此处有定力，到处皆坦途矣。

定力，即意志力。定力有高低之分，低的，如正减脂的兄弟面对可口的红烧肉不动筷子；高的，如司马迁因谏言李陵之事下狱，无钱赎罪而选择腐刑苟活，以最宏大的气魄和最顽强的意志，驾驭最卑贱之躯，铸就《史记》。

持久的定力源自身份的确认，因为你知道你是谁，你能看见自己的内心，能看见自己生命的价值，所以，毁誉祸福不能轻易动摇你的坚持。

持久的定力来自信仰和信念，就像信徒坚信"戒定慧"是通往证涅槃、得解脱之路，于是可以一辈子苦行。

注： 曾国荃于同治三年七月攻克太平天国都城，因功赏太子少保衔，封一等威毅伯。因功高多谤，曾国藩主动裁撤湘军，让曾国荃称病开缺回籍，在家休养近一年。同治四年，北方捻军复燃，朝廷起授曾国荃山西巡抚。要不要复出，兄弟俩犹豫不定。最后决定"兄弟尽力王事，各怀鞠躬尽瘁死而后已之志，终不失为上策"。既然要回归庙堂，那就将"毁誉祸福置之度外"，有了这个定力，"到处皆坦途"。

> 天下之事理、人才，为吾辈所不深知、不及料者多矣，切勿存一自是之见。

见识和能力不会因为职位升迁而自动提升，而优越感往往会蹭蹭上涨。自信与优越感不同：自信是知道自己知道的和知道自己不知道的，内心坚定而对外谦卑处下；优越感是在对"别人不行"的贬抑和对比中获得享乐。

自以为是，是人类进化的缺陷之一——习惯于通过联想的方式对复杂问题做简单因果推理以迅速获得答案。为了弥补，进化之神又在大脑前额叶皮质层预设了一个补救机制——反思和反省。在被现实教育之后，我们逐渐变得小心谦虚起来，不再那么自以为是。

人性实验室：不知道自己不知道

小布什任美国总统时的国防部长拉姆斯菲尔德有一个讲话："我总是对有关某件事情没有发生（注：此处指"找不到伊拉克的大规模杀伤性武器"）的报道很感兴趣，因为我们知道有些已知的已知事物，也就是说有些事情我们知道自己知道，而我们也知道有些已知的未知事物，这就是说有些事情我们知道自己不知道。同时，世上还存在着未知的未知事物，也就是说我们不知道自己不知道。"

这段饶舌的话，倒是切中人类生活的实质。有人把它总结为认知四象限：已知的已知、已知的未知、未知的已知、未知的未知。

从17世纪牛顿开创科学革命之后，人们假设宇宙是个巨大的钟表装置，只要通过测量以及改进测量的精度，就能完全理解和掌握宇宙的运行。但是，随着科学的不断进步，却发现宇宙远比当初的想象复杂得多。最新的研究发现，我们已知的物质的质量在宇宙中只占4%，其余96%的物质存在形式是我们既不能看到也不能感知到的，科学家称之为暗物质和暗能量。

一个人只有在承认自己的局限后方可继续向前，增长见识。

吾辈在自修处求强则可，在胜人处求强则不可。若专在胜人处求强，其能强到底与否尚未可知，即使终身强横安稳，亦君子所不屑道也。

"在自修处求强"，是觉醒。一个人越是知道"我是我"——世上独一无二的我，就越是自立自强，把能量贯注在自己所追求的事业上；知道自己有独特性，所以尊重别人的不同；知道自己的局限，所以谦谦处事，虚心求知。

"在胜人处求强"，处处与人针锋相对——通过压倒对方获得优越感。比如有些人总是喜欢在小事上与人争强，并非因为观点、见解的不同，只是想吵赢对方，压倒对方。这是因为疏离了自己的内心，偏离了人生的方向，错把别人作为对手，是掩盖自卑和无知的防御。

困心横虑，正是磨炼英雄，玉汝于成。李申夫尝谓余怄气从不说出，一味忍耐，徐图自强，因引谚曰"好汉打脱牙和血吞"。此二语是余生平咬牙立志之诀。余庚戌、辛亥间为京师权贵所唾骂，癸丑、甲寅为长沙所唾骂，乙卯、丙辰为江西所唾骂，以及岳州之败、晋江之败、湖口之败，盖打脱牙之时多矣，无一次不和血吞之。弟来信每怪运气不好，便不似好汉声口，唯有一字不说，咬定牙根，徐图自强而已。

好汉打脱牙和血吞！

曾国藩一生经历三次跳江自杀、五次遇险、数次重大挫折，最后成就千秋伟业，最厉害的功夫就是"打脱牙和血吞""咬定牙根，徐图自强"。相比之下，弟弟曾国荃自修的功夫就差得多了。

古圣先贤、英雄豪杰，无不是"在事上磨炼"而成。毛泽东主席一生挨批无数，1932年宁都会议后处于被软禁的状态，但从未放弃自己的信仰，最后建立了中华人民共和国；邓公"三起三落"而不悔，开创了改革开放的"邓小平时代"，让十多亿中国人富起来。

在焦虑与颓废并行的当下,一些年轻人一遇到挫折就抱怨社会的内卷,或自认为参透了生活而玩起禅意。某种程度说,这是一种自欺——不愿去学习看见自己的内心,不敢正视自己的局限和脆弱。

真正的修行是"人事炼心"。

兄自问近年得力,唯有一悔字诀。兄昔年自负本领甚大,可屈可伸,可行可藏,又每见得人家不是。自从丁巳、戊午大悔大悟之后,乃知自己全无本领,凡事都见得人家有几分是处。故自戊午至今九载,与四十岁以前迥不相同。大约以能立能达为体,以不怨不尤为用。立者,发奋自强站得住也;达者,办事圆融行得通也。

咸丰七年前后,曾国藩被夺兵权而家居,是他人生最痛苦的时段——他判断太平天国很快会被剿灭,此生再无建功立业的机会了,悔痛无及。但世事无常,清军江南大营不幸全军覆没,太平军复燃,曾国藩的机会又回来了,在胡林翼等朋友的帮助下复出。

"丁巳、戊午大悔大悟",让40岁的曾国藩看见他内心真正渴望的东西:"成圣"、建功立业、光耀曾家门楣。觉悟之后的曾国藩犹如"金丹换骨"——"以能立能达为体,以不怨不尤为用",把生命的能量贯注于所追求的事业,不再与他人和无关的事情纠缠,办事自然圆融通达。曾国藩从此一通百通。

人的一生都有一两次心理转变。刚入职场时有些刚猛，尤其是那些有能力的人，在遭遇挫折之后，他们才会明白自己的渺小和卑微。一些人从此认命，躺平或摸鱼；而另一些人，能够反思和反省，敢于挑破自己性格上的"脓疮"，承认自己的局限，与自己和解，重新整合自我，也不再与别人为敌，最后都能做成一些事情。

人性实验室：自恋——夸大的自己

镜像神经元的发现者、意大利脑科学家贾科莫·里佐拉蒂有一个关于自恋的形象比喻：每个人都有一定数量的爱（就像一袋金币），可以用于一生的消费。其中的一部分是分配给自己使用的，比如学习成长、组建家庭、价值追求等等；另一部分是留给他人的。如果留给他人的部分有减少的倾向，留给自己的部分就有增加的倾向，这一减少与增加的程度越过一定界限，自恋现象——一个夸大的自己就出现了。自恋的个体，会认为自己更聪明、更有能力、更重要，甚至是无可替代的，并总是感到周围的人不能正确地看待自己。同时，自恋的人并不会因为自己的成功感到更好过一些。

而真正自信的人，内心富足自立，留给自己的爱和给予别人的爱都是恰当的。就像曾国藩"能立能达"一定会收获成就与尊重,"不怨不尤……凡事都见得人家有几分是处",必定带来和谐,和谐创造愉悦。

自恋是一种共情缺陷,与生理因素有关,更与家庭养育和社会风气有关。

袁了凡所谓:"从前种种,譬如昨日死;从后种种,譬如今日生。"另起炉灶,重开世界,安知此两番之大败,非天之磨炼英雄,使弟大有长进乎?谚云:"吃一堑,长一智。"吾生平长进,全在受挫受辱之时。务须咬牙励志,蓄其气而长其智,切不可茶然自馁也。

曾国藩对待挫折和苦难的办法:

第一,定义挫折。挫折是上天磨炼英雄的法则,"艰难苦困熬心志,玉汝于成终使然!"

第二,记住教训。把栽到沟里的痛"刻进"大脑的长期记忆里,沉到潜意识中——在以后的路上产生条件反射,不再重复犯错。

第三,跟昨日告别。可以哀悼昨日的不幸,但不能一直停留在昨日的记忆中,必须跟昨日告别,重整行装再出发,即所谓"从前种种,譬如昨日死;从后种种譬,如今日生"。

注释:袁了凡,袁黄(1533—1606),明代思想家,万历年间进士。少年聪敏,卓有异才,对天文、术数、水利、军政、医药等都有研究。晚年做《了凡四训》,自创记功过格,劝人积善改过。成为后世治心、修身之书,广为流传。

茶然自馁,萎靡退缩的意思。

弟当此百端拂逆之时，亦只有逆来顺受之法，仍不外悔字诀、硬字诀而已。

曾国藩教授弟弟战困境的秘诀：一悔字——总结经验、反省自身，二硬字——咬定牙根、徐图自强。正如有位哲人所说：当你穿过了暴风雨，你就不再是原来那个人了。

这就是曾国藩"逆来顺受之法"的真正意义。

注： 同治六年（1867）初，在围剿东路捻军的尹隆河战役中，湘淮两军统领鲍超与刘铭传互相轻视，刘铭传为抢功而提前单独进击，险些丧命，幸亏鲍超及时赴援，捻军溃败。鲍超自以为转败为胜有功，而刘铭传诬告鲍超出兵不及时，因李鸿章（时任钦差大臣）袒护刘铭传，鲍超反而受到朝廷严厉饬责，一气之下称病回家。曾国荃当然忍不下这口气，也参劾刘铭传，便与李鸿章（与曾国藩亦师亦友）生出龃龉。曾国荃忧恼之中又添难堪，陷入"百端拂逆"的困境。（两个月后，即同治六年五月，曾国荃因剿贼无功摘去顶戴，十月因病请假开缺，十二月因东路捻平定恢复顶戴。）

家　训

　　儒家中国，家是构成社会的最小单元，个人是这个集体的一员。每个成员依据能力大小都要承担相应的责任和义务，家庭的利益和荣誉是最重要的，对家庭利益和声望的维护也孕育出了家国情怀和民族精神。

　　家训，是儒家伦理的微缩版。

> 处多难之世，若能风霜磨炼，苦心劳神，自足坚筋骨而长识见。沅甫叔向最羸弱，近日从军，反得壮健，亦其证也。

这是曾国藩写给儿子曾纪泽的家训。

乱世的孩子，经历一些风霜磨炼和苦心劳神的体验，既强筋健骨又增加认知复杂性，多一些生存能力；承平时代的孩子，多一些体育锻炼和日常劳动，强身又强心（心理免疫力）。

父母是孩子探求世界的基地，好比航空母舰之于舰载机。基地安全性越高、功能越强，孩子的探索半径越大，发展越充分。让孩子适度的"劳作""劳神"，对其掌控力和意志力的训练十分有益，因为体验（劳作、劳神过程中的）消极情绪被激发又被解决的合适经历正是成人应对挫折的基础。相反，惯养孩子的父母，为了"补偿自我"（童年的物质匮乏或内疚感），让孩子"衣来伸手饭来张口"，是以爱的名义剥脱孩子成长的权利——孩子的力量感和自律能力不能充分发展起来。

关于如何教养孩子，自体心理学的创立者科胡特有一句至理名言：没有敌意的坚决，不含诱惑的深情。这与东方家庭教育的理念不谋而合。

居家之道，唯崇俭可以长久。处乱世，以戒奢侈为要义。

崇俭，是祖先的生存智慧。

中国文化的根在农耕家庭。"家"生生不息的密码就是"勤俭"二字——勤，生产粮食，创新耕作技术；俭，居安思危，丰年积存荒年不慌，发明窖藏、腌制、发酵等食物保存方法，创造出丰富的舌尖文化。中国人以家庭抱团的生存智慧，诞生了集体伦理和家国文化，这是与欧洲游牧文化和美国移民文化的根本区别所在。

今天，崇俭是一种生活态度。

一个人刚需满足之后，要提升幸福感更多的是精神而非物质。近年媒体报道的李俊贤、崔崑、钱七虎、卢永根、高镇同等功勋院士，他们的生活十分节俭，却在晚年捐款百万给国家；杨绛是名门闺秀，婚后节俭持家，钱钟书称她是"最贤的妻，最才的女"。他们夫妻平生的积蓄最后都捐给了清华大学，设立"好读书"奖励基金。

但是，有一些曾经历过物质匮乏时代的普通家庭，在养育子孙方面容易走两个极端：要么惯养孩子，要么近乎吝啬地节省。两者本质相同，都是焦虑和匮乏感作祟。这样的环境，可能让孩子成年后一辈子纠缠在与钱（物）的关系中，不容易获得安全和幸福。

人性实验室：购物狂与守财奴

西方有一部社会纪录片《英国购物狂》（2014年），讲述了三个英国最上瘾购物狂的真实生活，让人触目惊心。其中一个，负债买回来的物品在房间里堆积成山，购物的主人就像生活在垃圾堆里的流浪汉。影片把它称为"强迫性购物上瘾症"，这种现象已经成为一个社会问题，并已经影响了800多万英国成年人（英国人口不足7000万）。

购物狂的另一个极端是吝啬鬼或守财奴。《儒林外史》里的严监生爱财胜过生命。他临终时，伸出两根手指头不断气儿，因为家里的灯盏点了两根灯草，直到妻子赵氏挑掉一根，方才落气闭眼。

购物狂和吝啬鬼，试图通过仪式感的行为来缓解内心深处的焦虑，或通过物（钱）连接某种依恋关系，都属于精神疾病。

人生唯有常是第一美德。余早年于作字一道，亦尝苦思力索，终无所成。近日朝朝摹写，久不间断，遂觉月异而岁不同。可见年无分老少，事无分难易，但行之有恒，自如种树养畜，日见其大而不觉耳。

曾国藩对曾家子弟品德教育，始终把有恒（有常）放在第一位。

"有恒"的美德预置于每个人的基因蓝图中，但需要自我用心去唤醒，也需要家庭和社会恰当的支持，即所谓因材施教。

心智的生物基础是大脑神经网络，修身好比一场旷日持久的维修工程——加固神经网络中正确的布线，清理和修剪那些凌乱的、错误的接线。

人性实验室：习惯，是神经元争夺大脑控制权而铺就的心智回路

人类大脑有近一千亿个神经元，与我们星系中恒星数量相当，神经元与神经元连接成（多达10^{15}量级的）神经网络，犹如浩瀚的森林迷宫。我们的记忆、情感、信念以及技能就记录和存储其中。相比神经元的数量，连接数才是大脑智能的关键，就像你的社会关系一样，并不是说你周围有多少人，重要的是你认识多少人以及接触的紧密程度。一生中，大脑的神经连接（或断开）从未停止，我们的每一次思考、每一次冲动、每一个动作都会在大脑微小层次上改变突触的生理状态，留下物理的痕迹。

树木为争夺阳光而长出更多的枝叶，神经元（组）为争夺大脑的控制权而不断地布线——断开和重连。同一个念头、行为成千上万次地重复，相应神经回路的放电活动不断改变突触（两个神经元接触部分）的激活强度（甚至细胞核内的基因表达），稳固的联结使得信息传输更加可靠和快捷，思维和行动因此而轻松自如。这就是神经科学家所称"大脑可塑性"，也是常说的习惯养成的过程。

大脑神经可塑性，就像一个硬币的两面：当它为正向的、有意义的思考和专注的学习服务时，可塑性是上天给予人类的恩赐，让我们的大脑越用越活；当它为抑郁、强迫疾病以及坏习惯效劳时，可塑性像是一个解不开的魔咒，让我们"成瘾"、越陷越深。

人之气质由于天生，本难改变，欲求变之之法，总须先立坚卓之志。即以余生平言之，三十岁前最好吃烟，片刻不离，至道光壬寅十一月二十一日立志戒烟，至今不再吃。四十六岁以前作事无恒，近五年深以为戒，现在大小事均尚有恒。即此二端，可见无事不可变也。古称金丹换骨，余谓立志即丹也。

陆游学诗60年悟得"诗道"——金丹换骨；曾国藩50岁悟得"修身之道"——立志即丹。

修身是一场自我革命，很苦，很难。曾国藩说，只要立下坚卓之志，坚持不懈，无事不可改变。

人性实验室：自控、自律、自觉

自控是个体在外力约束下的自我控制，即常说的"胡萝卜加大棒"下的行为，如完成作业而不玩游戏，写会议发言稿而放弃约会等。外力越是强制，自控力越强（瘾君子在有枪指着他的头时也能放弃毒品）。但是，正如心理学家罗伊·鲍迈斯特所说，自控力——大脑靠理性输出的能量是有限的，就像会疲劳的心理肌肉一样，存在"自我损耗"。比如一个人玩高难度的智力玩具或解太复杂的数学题，他可能若干次后就会放弃，并且在能量耗尽后，人可能变得更容易放纵自己。

自律是由自己内心某种信念激发的行为。比如，一个因为超重而恋爱受挫的宅女，某一天想明白了，立志要过一种健康、阳光的生活，找一个她心仪的帅气男孩。于是根据自身情况制订了一个两年减脂计划。从今夜开始，11点前睡觉，不玩手机、早起锻炼健身1小时、调整膳食结构、控制食量。她知道这个很困难，但她相信自己能够坚持下去，1周、1月、半年……大脑需要的自控力越来越少，越来越轻松，就像在路上悠然驾驶汽车的老司机一般，依靠的是程序性记忆驱动，习惯形成。

自觉是情感、能力、目标、三观高度整合为自我独特身份确认后的思想自觉，即动物性、主体性、共融性有机平衡。如电影《失孤》原型郭刚堂，寻找失踪儿子24年，跑坏了10辆摩托车，行程50万公里，打印了8万份寻亲启事。他的勇气和毅力来自哪里？那句"只有在路上，才感觉我是个父亲"，道出他与绝望抗争的力量——父亲的身份。完全自觉的行为没有自我损耗，潜意识的能量得以充分调动起来。自觉是最高的自律。

行为 \ 动机	压力、奖赏	兴趣	志向与信念	自我同一性
自觉				无自我损耗；潜意识能量充分调动；情感与理智协调平衡，内心湛然。
自律			自我损耗小；程序性记忆，调动部分潜意识；理智与情感基本平衡。	
自控	自我损耗大	自我损耗较小		

动机与行为

注：南宋诗人陆游《夜吟》诗有云："六十余年妄学诗，工夫深处独心知。夜来一笑寒灯下，始是金丹换骨时。"金丹换骨，整个人就像是服下金丹似的有如脱胎换骨，入豁然通达之境，类似禅林的顿悟。

不料袁婿遽尔学坏至此！然尔等待之，却不宜过露痕迹。人之所以稍顾体面者，冀人之敬重也。若人之傲惰鄙弃业已露出，则索性荡然无耻，摒弃不顾，甘与正人为仇，而以后不可救药矣。

曾国藩大女婿袁榆生与大女儿曾纪静是娃娃亲，袁的父亲袁漱六，与曾国藩是同科进士。不幸的是，袁榆生是一位典型的花花公子，和曾纪静结婚之后行为依然放荡，曾国藩多次提醒告诫仍不收敛，最终与其断绝了翁婿关系。

世上有些灵魂是无法拯救的，连曾国藩这样的圣人也拿他们没办法。

凡诗文欲求雄奇矫变，总须用意有超群离俗之想，乃能脱去恒蹊。

古人把学诗比作参禅，正如龚相《学诗》所说：
学诗浑似学参禅，悟了方知岁是年。
点铁成金犹是妄，高山流水自依然。
这种超群离俗的"悟"，既需要时间的累积，更需要天赋。

注释：脱去恒蹊，脱离寻常路径。

凡文有气则有势，有识则有度，有情则有韵，有趣则有味。

　　曾国藩仿邵雍"四象"理论，创建"古文四象"说：气势、识度、情韵、趣味四种文风，分属太阳、太阴、少阴、少阳。

　　文之"气势"，好比肌体的活力。比如曾国藩的《讨粤匪贼檄》中的"不特为百万生灵报枉杀之仇，而且为上下神祇雪被辱之憾"，其磅礴正气，可抵千军。好的檄文，是政治动员令。

　　文之"识度"，好比君子的风度，是广博见识和深邃思想的体现。比如李鸿章在《复议制造轮船未可裁撤折》中说："合地球东西南朔九万里之遥，胥聚于中国，此三千余年一大变局也。"（欧洲列强通过印度，再从南洋逐渐侵入我国边界进而腹地，是我中华前所未有的）。他从"坚船利炮"中，看见了西人在科技、教育、政治等方面与东方完全不同的文明，呼吁中国要自强，必须向西方学习。

　　"情韵"，好比人的血肉。随缘自足者，对人、对物都亲热，写出的文字有温度。如汪曾祺，哪怕"全世界都是凉的，只我这里一点是热的"，也要把这点温暖用文字散发出来，虽是"家人闲坐，灯火（也）可亲"。

"趣味"，则是人的灵魂。纯粹的愉悦感，像孩童从日常获得单纯的欢喜，在"好玩的生活"中发现美。当一个人摆脱了欲望的束缚时，他的生命里便有这种滋味。比如苏东坡"人间有味是清欢"，即使午餐只是一盘野菜，也能品出春天的欢愉。

有情有趣的文字非苏东坡、汪曾祺这类"成精的文狐"不能写出。

> 颜黄门之推《颜氏家训》作于乱离之世，张文端英《聪训斋语》作于承平之世，所以教家者至精，尔兄弟宜各觅一册，常常阅习。

曾国藩要求两个儿子常常阅读《颜氏家训》和《聪训斋语》，并照此练习。前者是南北朝至隋朝离乱时期教育家颜之推（官至黄门侍郎）所作，后者是康熙时期文华殿大学士兼礼部尚书张英（谥号文端）所作。《颜氏家训》被后世尊为家训之祖。

家训，是中国传统文化的重要组成部分，堪称君子人格塑造指南。它的很多内容，比如"无教而有爱，终为败德""严父慈母""习惯成自然"等教育理念，时至今日也不过时。

耕读传家远，诗书继世长。家训其核心是父辈的身教和言教，是一以贯之的高期待、高要求与高支持的养育方式。

人性实验室：现代的"鸡娃父母"

电视剧《小欢喜》里，宋倩一心想要女儿英子考清华，竟私自修改英子的高考志愿。母亲的控制导致女儿精神崩溃，最后要跳海自杀；同样，《小舍得》里学霸子悠的妈妈田雨岚，把生活的全部都放在孩子身上，为了多做两张卷子，每天让孩子早起晚睡，连最喜欢的足球也不允许他踢，孩子的焦虑和压抑无处释放。当子悠表现出厌倦时，她竟然哭着扇自己巴掌，质问孩子："我这个当妈的要做到什么份上你才高兴！"子悠终于被逼得发疯发狂。

"鸡娃父母"们，往往是自己的人生有些不如意，希望孩子有出息来填补，以为把孩子的日常生活照顾好了，孩子就应该以高分回报，完全不顾孩子的心理感受。这是支配而非支持，是以爱的名义施暴。

真正的支持，是父母热爱生活、不畏困难的榜样作用，是陪伴孩子成长。在他遭遇挫折时，与孩子有共情，及时给予安慰、理解和精神的支持，以及学习方法的指导。

任何时代，好的教育一定是因材施教，即通过激发学习兴趣，发挥个体长处，最后实现人格的全面发展。因材施教，必须是高期待、高要求与高支持的统一。

凡言兼众长者，必其一无所长者也。

曾国藩指导纪泽作文。他说，韩愈的散文缺阴柔之美，欧阳修的文章无阳刚之气，何况其他人？凡是说兼有众家（气势、识度、情韵、趣味）之长的，都是一无所长。

文章如此，专长亦如此。

在社会分工越来越细的今天，唯有深专者才是人才。现在的很多技能型岗位，可能在不久的将来，AI做得会更容易。深专人才，一是恒心，二是创造性，这涉及教育理念的调整。

凡事皆用困知勉行功夫，不可求名太骤，求效太捷也。尔以后每日宜习柳字百个，单日以生纸临之，双日以油纸摹之。临帖宜徐，摹帖宜疾。数月之后，手愈拙，字愈丑，意兴愈低，所谓困也。困时切莫间断，熬过此关，便可少进。再进再困，再熬再奋，自有亨通精进之日。不特习字，凡事极困极难之时，打得通的，便是好汉。

曾国藩教授儿子"困知勉行"功夫。

修炼此功的关键：熬过困时。困，前额叶皮质系统与边缘系统对峙之际，正是身心难受之时。熬过此关，你就取得了大脑的主动权——通过修剪和整形，让神经网络（某些区域）连线变得有序而稳固，跟那些与生俱来的、好的联结形态（生而知之或学而知之者）没有区别。

人性实验室：心理自我损耗

研究意志力的心理学家鲍迈斯特，发现心理存在"自我损耗"——就像某种会疲劳的心理肌肉一样，每消耗一次心理能量，你的自控力和执行力都会下降。比如在不愿意出席的社交场合上待几个小时，或观看引发极端情绪的电影，或玩很难的智力游戏等都会消耗我们的自控力资源。这就是为何很多人在紧张的面试后，往往比平时更缺乏自制力而去喝酒放纵自己。鲍迈斯特研究发现，抵御诱惑与两个因素有关：血糖与意志力。在他的实验中，面对同样的任务，喝了葡萄糖饮料的被试者更能应对压力。而生活中那些减肥的人因减少食物的摄入会导致血糖降低，可能因"自我损耗"而心生疲劳和厌倦，更容易中止锻炼或从其他地方吃下更多的东西（有数据说英国每年有1200万人减肥，只有不到10%能减肥成功，也就是说九成失败）。所以，对克制的度的把握是十分重要的。所以，鲍迈斯特的建议是，第一，养成习惯；第二，消耗自控力后及时进行奖励，比如娱乐、美食、旅游。

"自我损耗"理论，让我们明白了为何改变一个行为很困难。改变，必须要有强烈的愿望（输出意志力），清晰的目标，合适的举措以及必要的支持系统。

尔惮于作文，正可借此逼出几篇。天下事无所为而成者极少，有所贪、有所利者居其半，有所激、有所逼而成者居其半。

志向明确的人，信念坚定，靠自律就能努力前行，这样的人不多。更多的人，还在找寻人生意义的路上，需要外力驱动——或利或逼。所以，"胡萝卜加大棒"永远是管理的基本原则，也是人格塑造的基本方法。

注释： 作为名门之后，曾纪泽在当地小有名气，所以湘乡修县志，有人就举荐曾纪泽来编撰。曾国藩认为不妥：其学问还没有成就，文笔迟钝，不宜担任此项工作，但也不能全部推辞，一来众望所归，二来曾纪泽畏惧写文章，正好借此机会逼出几篇来。天下事情不刻意做便能成功的极少，有所贪有所利而成功的占一半，有所激有所逼而成功的占一半。

余生平略涉儒先之书，见圣贤教人修身，千言万语，而要以不忮不求为重。忮者，忌贤害能，妒功争宠，所谓怠者不能修，忌者畏人修之类是也。求者，贪利贪名，怀土怀惠，所谓未得患得，既得患失之类是也。将欲造福，先去忮心，所谓人能充无欲害人之心，而仁不可胜用也；将欲立品，先去求心，所谓人能充无穿窬之心，而义不可胜用也。忮不去，满怀皆是荆棘；求不去，满腔日即卑污。余于此二者常加克治，恨尚未能扫除净尽。尔等欲心地干净，宜于此二者痛下功夫。附作忮求诗二首录左：

不忮
善莫大于恕，德莫凶于妒。妒者妾妇行，琐琐奚比数。己拙忌人能，己塞忌人遇。已若无事功，忌人得成务。已若无党援，忌人得多助。势位苟相敌，畏逼又相恶。已无好闻望，忌入文名著。已无贤子孙，忌人后嗣裕。争名日夜奔，争利东西骛。但期一身荣，不惜他人污。闻灾或欣幸，闻祸或悦豫。问渠何以然，不自知其故。尔室神来格，高明鬼所顾。天道常好还，嫉人还自误。幽明丛诟忌，乖气相回互。重者灾汝躬,轻亦减汝祚。我今告后生,悚然大觉悟。终身让人道,曾不失寸步。终身祝人善,曾不损尺布。消除嫉妒心,普天零甘露。家家获吉祥,我亦无恐怖。

不求

知足天地宽,贪得宇宙隘。岂无过人姿,多欲为患害。在约每思丰,居团常求泰。富求千乘车,贵求万钉带。未得求速偿,既得求勿坏。芬馨比椒兰,磐固方泰岱。求荣不知厌,志亢神愈忕。岁煜有时寒,日明有时晦。时来多善缘,运去生灾怪。诸福不可期,百殃纷来会。片言动招尤,举足便有碍。戚戚抱殷忧,精爽日凋瘵。矫首望八荒,乾坤一何大。安荣无遽欣,患难无遽憝。君看十人中,八九无倚赖。人穷多过我,我穷犹可耐。而况处夷途,奚事生嗟忾?于世少所求,俯仰有余快。俟命堪终古,曾不愿乎外。

忮求,连曾国藩都不能根除,可见此病之顽固。

不忮不求,不是佛系,不是躺平,而是内心富足自立,无须向外索取,在世上比拼的只有他自己,人生的最大诉求

- 281 -

是用己之良知良能去创造、去回报社会。达致这一境界，就是一个完全的人，是圣人。曾国藩用君子的标准塑造儿子，在写给纪泽、纪鸿的信中说：

  我这辈子略微读过一些先儒的书，见到圣贤教人修身，千言万语，都把不忮不求作为根本。忮，妒忌品德高于自己的人，妨害能力超过自己的人，妒忌别人立功，争抢恩宠，正如韩愈所说"怠者不能修，忌者畏人修"之类。求者，贪名贪利，既要田产又要恩惠（怀土怀惠），正如孔子所说"没有得到的想得到，得到的害怕失去"之类。想要造福，要去掉"忮"心，正如《孟子》里说"人能扩充不想害人的本心，仁爱就用不尽了"；想要修德，先去"求"心，正如《孟子》里说"人能够扩充不爬墙行窃的初心，道义就用不尽了"。"忮"不除，内心荆棘丛生；"求"不去，内心肮脏龌龊。我尽管在这两个方面常常克治，但很遗憾的是，至今未能彻底扫除干净。你们要想心地纯洁，就应该在此二者痛下功夫，希望曾家子孙们能够戒除。

人性实验室：朋友过得好，我就不开心？

  当你在社交网络上为朋友的升职、出新书、孩子考入名校、爱琴海度假等给予言不由衷的点赞后，心里好一阵失落；当你参加同学聚会时，其实你最想说的是"快说点你们不开心的，好让我开心"……有人说，"过得好""过得比别人更好"，已经成了今日社交网络上常见的现象。

为何朋友过得好我就不开心？人为何要比较？

人天生是社会的动物。人与人互为镜子，时刻通过镜子来审视他人、监控自己。研究意识的科学家说，大脑编码自我与他人使用的是同一个数据库，我们在思考自己的观点和他人的想法时，大脑中激活的区域（尤其是额极和负内侧前额叶皮质）非常相似，思考其中一个就能启动另一个。大脑为自我建立的心理表象就像一场"围炉夜话"：那个独特的自我坐在那个位置上，时而看看左右，时而与朋友交谈。自我的一部分，正是每一次社交中模仿、比较、想象、共情的镜映。没有他人，自我的另一部分也不复存在，就像那些被其他动物养大的孩子无法回到人类社会一样。所以，法国当代哲学家保罗·利科所说：我们每一个人都是"一个作为他者的自身"。

脑科学研究进一步证实了社会比较理论：我们总是通过与他人的比较来评价自己——向上，查找差距激发改善的动力，向下，获得自信与自尊。但是，过度的向上比较，就成为嫉妒与贪婪，是严重的心理疾病。

今天，网络进一步缩短了社交距离，营造一种滤镜生活的幻象。如果每个人要的都是"过得比他人好"的生活，那么我们的心理将越来越阴暗，生命的潜能和创造性终将被幻象吞噬殆尽。那应该怎么做呢？

首先，改变认知。很多时候你所看见别人的精致生活，其实是别人经过编辑的，是滤镜和修图后的幻象。真实的生活都有酸甜苦辣咸，生活的价值就在"五味"的调和与平衡中。

其次，自我有两面镜子，一面是他人，另一面是内心。若只看他人，就会离自我越来越远。所以，我们还必须反观内心镜子，倾听内心的声音，抛弃自我的幻象——屏蔽那些无谓的社交网络，将时间和空间留给那些最重要的事情，才能成为独一无二的自我。

最后，学习曾国藩的"不忮不求"。

注释：同治九年（1860）六月，曾国藩奉命前往天津查办"殴毙洋人焚毁教堂"一案（史称天津教案）。一边是习气浮嚣的津民，一边是性情凶悍的洋人，连曾国藩也是左右为难。老年病躯的他，深知此行凶险，难逃劫难，所以写信给两个儿子安排后事。信中，谈及人生最遗憾的，是没能将"忮求"毛病扫除干净，希望曾家子孙在这方面下功夫。

日课四条同治十年金陵节署中日记
一曰慎独则心安

自修之道，莫难于养心。心既知有善，知有恶，而不能实用其力，以为善去恶，则谓之自欺。方寸之自欺与否，盖他人所不及知，而己独知之。故《大学》之"诚意"章两言慎独。……能慎独，则内省不疚，可以对天地，质鬼神，断无行有不慊于心则馁之时。人无一内疚之事，则天君泰然，此心常快足宽平，是人生第一自强之道，第一寻乐之方。

慎独，就是不自欺。

在没有监督的环境里，个人往往会有荒诞的行为，那是因为恶念作祟，就像鬼怪容易在深夜的噩梦里捣乱一样。生而为人，明明知道什么是善什么是恶，而不能去努力地行善除恶，就是自欺。内心是否自欺，只有自己一个人知道。慎独者，自我反省就不会有愧疚，可以经得起天地鬼神的质疑，心胸自然坦荡，可以获得真正的愉悦。所以，曾国藩说：慎独是第一寻乐之方。

人性实验室：痛苦源自自欺

媒体时常曝光的一些明星、富豪、高官，他们一边维护着自己的公众形象，一边把自己置于危险之中，时常做出有悖常理的事。还有更多的普通人，虽然没有明显的怪异行为，但源自灵魂深处的角色冲突，使得方寸之间常常心猿意马，或噩梦缠绕，或躯体化症状，或人际关系紧张，生命的一部分能量被焦虑、愤怒、憎恨和嫉妒所销蚀，人生少有真正的快乐。

究其根源，是因为一个人的时候，内心的"小人"（与自己分离的部分）可能会跳出来作恶，如果我们自欺地认为没有人知道便放纵恶念恶行，便会伤害我们人性的道德良知，带来内心的冲突，使我们不得安宁。

只有我们努力探索通达自己内心，敢于正视自己的苦痛，才能逐渐整合、重构自我——最后达成理智与情感的平衡，获得真正的快乐——动物性与主体性、共融性平衡的愉悦。

二曰主敬则身强

敬之一字，孔门持以教人，至程朱则千言万语不离此旨。……吾谓敬字切近之效，尤在能固人肌肤之会、筋骸之束。庄敬日强，安肆日偷，皆自然之征应。虽有衰年病躯，一遇坛庙祭献之时，战阵危急之际，亦不觉神为之悚，气为之振，斯足知敬能使人身强矣。若人无众寡，事无大小，一一恭敬，不敢懈慢，则身体之强健，又何疑乎？

"程门立雪"的故事里说，学生杨时和游酢有一天去谒见程颐，见老师正在瞑坐而不敢惊扰，便站立门外，到程颐发觉时，门外的雪已有一尺深了。程颐的瞑坐就是"敬"功。

曾国藩体验"主敬"：肌肤紧凑、筋骨紧固、精神振作。

现代心理学所称"心流"，也是一种"敬"功，比如音乐大师、象棋大师以及醉心于学术的科学家们工作时，理智与情感系统完美协调，潜意识的能量被充分调动，没有"自我损耗"，脑力的效率极高，并伴随愉悦和满足。试想一位花滑皇后，在冰池里还要分一份心来想滑得好不好（有了私欲），那她的滑行动作就很容易变形，观众就欣赏不到那道亮丽风景了。

人性实验室：敬，大脑保健操

长时间的专注力训练（包括瑜伽太极），可帮助大脑分泌乙酰胆碱（一种形成集中注意力的化学物质，促进激活脑神经传导功能，提高信息传递速度）。科学家说，思想本身无法让死掉的神经细胞复活，但可以刺激残存的健康组织，接替受损组织的功能，毕竟我们大脑的神经元有近千亿之多，重新连接大脑中的某些神经回路，不仅会对心智和大脑产生有利影响，还会惠及全身。

有一项已经开展了几十年的研究，受试者是678名74岁到106岁生活在修道院的修女，每年对她们进行一次脑力测试和健康检查，死后对她们的大脑进行解剖。研究发现，有一部分修女患有阿尔茨海默病，但这些修女在世时，别人根本看不出她们得了病——尽管大脑结构受到疾病的蚕食，但是她们每天尽职尽责处理日常事务，坚持专注的脑力活动和规律的身体锻炼，这样极大延缓了大脑的衰退，保持了认知系统的活跃。

三曰求仁则人悦

我与民物，其大本乃同出一源。若但知私己，而不知仁民爱物，是于大本一源之道，已悖而失之矣。至于尊官厚禄，高居人上，则有拯民溺、救民饥之责。读书学古，粗知大义，即有觉后知、觉后觉之责。若但知自了，而不知教养庶汇，是于天之所以厚我者辜负甚大矣。

2500年前，孔子发现了人类最可贵的特质，就是每个人与生俱来的道德良知——"仁"。但由于成长环境的不同，以及基因与环境互动带来的"漂变"，个体之间会有禀赋气质的差异，有"先知"与"后觉"之别。所以，需要有人去唤醒"后觉"者，以激发他们的良善本心，这是君子的责任，即曾国藩所说的"求仁"。

求仁，爱的扩展。人类在漫长的进化中，学会了爱自己的后代，然后把以"父子、兄弟、夫妇"为中心的爱向外扩展延伸，把"己之所欲"的爱施之于人，直至"仁者与天地万物为一体"。

求仁，充分的快乐。人类遗传学研究证实，今天全球70

多亿人,都是一小群人——大约10万年前从东非大草原缓慢迁出的几千个智人的后裔。人类之所以占据生物链的高端,是因为基因和文化的共同进化赋予了人类独有的社会天性——渴望成为比自己更伟大群体中的一员,即群体归属性或共融性。换句话说,只有在"众乐"中,个体的快乐才是充分的。

人性实验室:张桂梅"用知识改变贫困山区女孩的命运"

有一天,张桂梅看见一个十三四岁的女孩呆坐在路边,便上前询问,女孩哇的一声就哭了,"我要读书,我不想嫁人。"女孩一直哭喊着。原来,女孩父母为了3万元彩礼,要她辍学嫁人。那一刻,她要办一所免费女子高中的决心更加坚定了。"如果她们有一个有文化、有责任感的母亲,她们就不会辍学,如果这些女孩子辍学了,很可能将来她们的孩子还会重复她们的命运。"于是,她四处募捐、奔走呼吁,在政府和社会各界的支持下,华坪女子高级中学终于建成,张桂梅被任命为该校党支部书记、校长。

张桂梅扎根贫困山区40年,帮助2000名贫困家庭女孩圆梦大学。2021年,张桂梅被授予"七一勋章",被写进

《中华人民共和国简史》。联合国开发计划署官员称赞张桂梅，说她的感人故事点明了教育对扶贫的重要性，这也是她具有远见的地方。

张桂梅坚信"一个有知识的母亲可以改变三代人的命运"，这是为人师者"求仁"的初心。

注： 自了，只顾自己；庶汇，百姓。

四曰习劳则神钦

凡人之情，莫不好逸而恶劳，无论贵贱智愚老少，皆贪于逸而惮于劳，古今之所同也。人一日所着之衣、所进之食，与一日所行之事、所用之力相称，则旁人韪之，鬼神许之，以为彼自食其力也。……古之圣君贤相，若汤之昧旦丕显，文王日昃不遑，周公夜以继日，坐以待旦，盖无时不以勤劳自厉。《无逸》一篇，推之于勤则寿考，逸则夭亡，历历不爽。为一身计，则必操习技艺，磨炼筋骨，困知勉行，操心危虑，而后可以增智慧而长才识。为天下计，则必己饥己溺，一夫不获，引为余辜。大禹之周乘四载，过门不入，墨子之摩顶放踵，以利天下，皆极俭以奉身，而极勤以救民。故荀子好称大禹、墨翟之行，以其勤劳也。军兴以来，每见人有一才一技、能耐艰苦者，无不见用于人，见称于时。其绝无才技、不惯作劳苦者，皆唾弃于时，饥冻就毙。……是以君子欲为人神所凭依，莫大于习劳也。

劳作，人性的需要。

一只狗只要温饱即可很好地活下去，而一个人仅有生理的满足是远远不够的，还需要归属感和意义感——通过脑力或体力的工作来融入社会，在创造与分享中获得充分的快乐（所谓理想职业，就是始终相信能带来事业满足感的同时，对社会有所贡献的职业——工作价值即工作本身）。否则，空寂会让心灵无所寄托而痛苦，甚至离开栖息之肉体（重度抑郁症患者正是因为极度的孤独和无意义感而自杀）。干活累不死人，而无意义的"平躺"可能会要人的命。

所以，曾国藩说，好逸恶劳者，得到的多于付出，于己于人无好处，鬼神也不羡慕；而习劳者，炼筋骨，增智慧，利天下，神灵都会敬仰他。

人性实验室：习劳缓解焦虑

很多时候，焦虑是因为大脑的想法太多引起的。如果大脑充斥各种想法而没有行动，就会陷入失控的怪圈——越是什么都想做就越不能安下心来做一件事，越是没有行动就越是内心没有安全感。长此以往，对生活的掌控感就丢失了。这就是退休干部往往比家庭主妇会有更多身心问题的原因。

就像清理房间、做饭、修剪花草这样的小事情，大脑都会经历从"无序、混乱"到"有序、完结"的过程。每做一件事，在计划栏中对完成事项打上一个对钩，你大脑里负责"掌控感"和"自我奖励"的神经回路就有一次强化连接，从而建立自己对生活的掌控感。同时，清理、扔掉垃圾的过程，也是梳理内心的纠结和无序，也是对内心负面情绪的一次清扫。比如亲手做一餐可口的饭菜，暖胃走心，既是对自我的奖赏，又是对家人的关爱，更是找回与他人的联结。

注： 神钦，神仙也佩服你；趆，对。

日 记

　　记日记是一种自我的探索。中外很多名人如富兰克林、洛克菲勒、鲁迅、胡适、季羡林等都有记日记的习惯。

　　曾国藩日记有两个特点：

　　其一，重点记录自己懒惰、拖延、浮躁、巧言等言行和憎恨、贪婪、嫉妒、虚荣等邪念，以及反思和醒悟。

　　其二，定期把日记拿给朋友看（京城大儒倭仁的建议），坦诚公布自己的行为和内心世界，以借助外界的力量来监督自己。

　　曾国藩是把记日记这个修身利器用到极致。从他长达33年（1840—1872）的日记中（梁启超先生精选了30则），今人得以窥见一位儒家君子从自控到自律、最后达致自觉的修身历程。

精神要常令有余于事,则气充而心不散漫。

余:宽绰,可回旋,是对自己的保护,古人所谓"裕无咎"。

何为有余?

能挑100斤的气力挑70斤,一小时的工作量留出两小时时间,叫有余。心有余力,方得从容。

如何做到有余?

尽可能把时间和脑力留给那些最重要的事情,减少紧急的事情。比如:

生态重要,雾霾紧急;

健康重要,看病紧急;

学习重要,考试紧急;

团队重要,业绩紧急;

客户重要,销售紧急;

……

凡事之须逐日检点者，一日姑待，后来补救难矣。

姑待，为满足暂时的需要而把计划中的重要事情放在其他事情的后面等待处理。

姑待（今天叫拖延），是毛病。防治之策，逐日检点。

《记》云:"君子庄敬日强。"我日日安肆,日日衰苶,欲其强,得乎?

修身的路很辛苦,因为人的惰性太强大。在习惯没有养成以前,理性常常败下阵来,曾国藩也不例外。看曾国藩日记,在道光二十三年(1843)的正月,记录睡懒觉(晏起)就有15天。所以他反省:自己成天安逸放纵、萎靡不振、稀里糊涂,还说要自强,能得否?

人生最大的敌人是自己,战胜自己才是强。

人性实验室:短期收益与长期收益的冲突

神经科学家研究发现,在位于大脑基底核与边缘系统交界处有一个负责报偿评估的核团,叫伏隔核。它比负责长期计划的前额叶皮质系统成熟得早,所以,青少年具有和成年人相同的短期收益鉴别能力,而长期风险(收益)的识别能力却只有孩童的水平。这就是青少年更容易选择及时行乐的原因。

换句话说,负责评估短期和长期收益,分属大脑的两个系统——一个是高效的反射系统,一个是缓慢的慎思系统。当两个系统不能协调平衡时,就发生冲突。比如,学习还是打游戏，早起锻炼还是睡懒觉等等。

如果大脑评估长期收益（风险）的权利总是让渡给短期，那么，一个人就会只去追求那些可以获得及时回报的东西。比如，游戏可以让我们几分钟就能在虚拟世界里获得"荣耀"（来掩盖现实世界的颓废）；高利贷（甚至裸贷）马上就能满足我们即时消费的欲望；酒精能刺激我们的交感神经而直接分泌大量的多巴胺，甚至更快捷的药物，让我们获得"成仙"的快感。但是，这种快乐来得快去得也快，并总是以牺牲长远利益为代价的。

如果大脑评估长期收益（风险）的权利得到维护，那么，一个人就能从长计议。比如，为获取合规的多巴胺和内啡肽而愿意付出时间和精力去运动、阅读和冥想以及自我探索；比如，忍耐"十年寒窗无人问"，去获得"春风得意马蹄疾"的成就感和愉悦感，等等。

我们的大脑不是像计算机那样并行处理算法——不能同时处理好眼前的事情和未来的事情。那些成事的算法，总是长期收益（风险）优先的。

注：《礼记》：君子庄敬日强，安肆日偷；茶，痴呆萎靡。

知己之过失，即自为承认之地，改去毫无吝惜之心，此最难事。豪杰之所以为豪杰，圣贤之所以为圣贤，全是此等处磊落过人。

把人的心比作明镜，是指明辨是非，有自知之明。心镜有两面，一面属于共融性，用来观察世界，共情他人。如果镜面是干净的，无论是美丽鲜花还是污垢秽物，都只是如实地映照它的原貌，离开后不会留下印迹；另一面属于主体性，用于内观，看见自我。如果镜子是干净的，那么自己的过失甚至妄动纤毫毕现，也就能及时擦拭。

洁净心镜，光明磊落，是一生的功课。

不为圣贤，便为禽兽；莫问收获，但问耕耘。

这是曾国藩的座右铭。

民国很多大家，诸如梁启超、梁漱溟、闻一多等都把"莫问收获，但问耕耘"作为励志格言和行为准则。

我们生活的世界是非线性的，人生是一场充满不确定性的旅行。如果一定要有确定答案才行动，可能什么事情都做不成；如果做了一定要成功，人就被名利枷锁牢牢套住，可能终生不得安宁。

每个生命都是独一无二的存在。生命的意义，就是在人生的耕耘中不断突破和超越自己。

人性实验室：求知的三重境界

孔子曰："生而知之者上也，学而知之者次也，困而学之又其次也。困而不学，民斯为下矣。"

第一，生而知之者。好似天生就懂得天地运行和人伦之道，属于无师自通的天才。比如六祖慧能，家境贫困，不识字，在街上听一和尚诵念《金刚经》而启慧根，开创"顿悟成佛"的南禅宗。又如王阳明，12岁拜师就问"人生的头等大事"，当老师说是"读书登第"时，王阳明说老师错了，应该是"读书做圣人"。生而知之者,是极少数。

第二,学而知之者,天赋异禀。比如钱穆自己说,他幼年入小学,授国文的顾子重老师就发现"此儿文气浩畅,将来可学韩文公(韩愈)"。但由于生逢乱世,家境不好,中学辍学,他只能一边教书一边做学问,终成一代儒宗。学而知之者,能够直接从别人的经验中建构认知,就像经过飞行模拟训练就能驾驶真正的飞机一样,也是少数。

最后,困而学之者,是天资平常的普通人,往往是在遭受社会毒打后方才反省和寻求改变,即困而知、勉而行,最后也有一些成绩和成就(还有不少的人,"头撞南墙也不回头",古人所谓"困而不学")。困而学之者,是大多数。

古人承认个体先天有差异,但更强调后天的努力,只要最终做成了,也就是一样的了,这就是修身的意义。

盗虚名者有不测之祸，负隐慝者有不测之祸，怀忮心者有不测之祸。

欺世盗名、心怀鬼胎、嫉贤妒能，皆是心魔。心魔不除，会招来预料不到的灾祸。

在今天，互联网为"盗虚名"者提供了土壤和便利。

一些艺人德行与名位严重不配，他们一边"盗虚名"，一边"盗钱财"——资本操纵平台，利用大数据算法技术手段，大势造星，形成"资本—平台—网红—饭圈"的大流量收割"韭菜"的粉丝运营模式。他们盗名、盗钱的同时，还毒害社会风气。比如，在一些粉丝群里，弥漫着"爹亲娘亲不如哥哥亲""国大法大不如哥哥大"等极端情绪，并延伸到现实社会，对心智不成熟的青少年造成严重伤害。这样的"盗名者"，当严惩。

注：隐慝，见不得人的罪恶。

天道恶巧，天道恶盈，天道恶贰。贰者，多猜疑也，不忠诚也，无恒心也。

老天讨厌三种人：投机取巧的、骄傲自满的和三心二意的。

"巧、盈、贰"，在短时间、小范围内可能会获益，但最终会有灾殃，因为它们与天道背离。

注：巧，虚浮不实；贰，背叛。

天下无易境，天下无难境；终身有乐处，终身有忧处。

顺境和逆境、乐处和忧处，总是相生相随。处顺境，居安思危，不忘忧；处逆境，独善其身，不改其乐。

随缘自足，超然豁达，是中国士大夫追求的最高境界。达致这一境界的，第一位当属苏东坡，一个儒释道三昧真火淬炼出的有趣灵魂，他"一蓑烟雨任平生"，人生路上"也无风雨也无晴"。

取人为善，与人为善；乐以终生，忧以终生。

人类与其他灵长类动物的根本区别，在于大范围非亲缘的合作与分享——既增加个人幸福感也提升群体福祉，这种良知良能叫做"仁"。依靠这种能力，人类从非洲草原走向地球各个角落，从狩猎走向农耕、走到今天。未来，人类的足迹还将踏上其他星球。

但是，与其他生物相比，人又是脆弱的，良善能力需要特别呵护。看动物世界纪录片，在迁徙中生下来的藏羚羊幼崽30分钟可站立和行走，而一个人到20岁还不一定完全成熟。因为，人的大脑不仅是生物的还是精神的，婴儿只是一个"精神的胚胎"——需要在"社会子宫"中继续培育。教育和管理的终极目标，就是最大程度扩展"仁"，以激发生命潜能。世界上没有完全相同的两个人，人才都是因材施教培养出来的，这需要爱的支持——取人为善、与人为善。

在需要创新驱动的数字经济时代，在90后新世代逐渐成为职场主力军的今天，如果一个管理者只知道人性的弱点，只知道"胡萝卜加大棒"，恐怕是不合格的。

人性实验室:"紫罗兰皇后"的故事

艾瑞克森一生都沉醉于探索人性的良善和无限的潜能。他强调个体的独特性,不断以咨询师、医生、仲裁人、心灵导师、学术权威或严厉的父母等不同面貌来面对每一个需要帮助的人——他们心底的良善和潜能总是能被激发出来。

一次,艾瑞克森到美国中南部的一个小城讲学,一位同僚要求他顺道看看自己独身的姑母。同僚说:"我的姑母独自居住在一栋古老大屋,无亲无故,她患有重度的忧郁症,人又顽固,不肯改变生活方式,你看有没有办法令她改变?"

艾瑞克森到同僚姑母家去探访。发现这位女士比形容中更为孤单,一个人关在暗沉沉的百年老屋内,周围找不到一丝生气。艾瑞克森是位十分温文的男子,他很礼貌地对这姑母说:"你能让我参观一下你的房子吗?"姑母带着艾瑞克森一间又一间房间去看,艾瑞克森真的想参观老屋吗?那倒不是,他是找一样东西!在这老婆婆毫无生气的环境里,他想找寻一样有生命气息的东西。终于在一间房间的窗台上,他找到了几盆小小的非洲紫罗兰——屋内唯一有活力的几盆植物。姑母说:"我没有事做,就是喜欢打理这几盆小东西,这一盆还开始开花了。"艾瑞克森说:"好极了!你的花这般美丽，一定会给很多人带来快乐。你能否打听一下，城内什么人家有喜庆的事，结婚、生子或生日什么的，给他们送一盆花去，他们一定会高兴得不得了。"

姑母真的依艾瑞克森所言，大量种植非洲紫罗兰，城内几乎每个人都曾经受惠。不用说，姑母的生活大有改变，本来不透光的老屋，变得阳光普照，到处都是彩色鲜明的小紫花。一度孤独无依的姑母，变成城市中最受欢迎的人。在她逝世时，当地报章头条报道：全市痛失我们的"非洲紫罗兰皇后"。几乎所有的人都去送葬，以回报她生前的慷慨。

天下断无易处之境遇，人间哪有空闲的光阴？

东方圣人孔子见奔腾的黄河水感叹："逝者如斯夫，不舍昼夜"；西方（英国）思想家莎士比亚说："春光不自留，莫怪东风恶。"他们表达的都是同一个意思，时间珍贵。

人类是唯一具有时间概念的物种。松鼠不会为了看夕阳而爬上树梢，而你会专程登上山顶看日出；你还会时常回忆起三亚沙滩的阳光和海风咸咸的气息；你也会畅想退休后的莱茵河畔古城堡之旅……时间能力源于人类拥有比其他灵长类动物更强大的前额叶（是大脑发育最慢而最早衰老的部分），让我们可以在时空隧道里自由穿梭——回望历史，观照现实，规划未来。

但时空隧道的入口只有一个，就是当下。所以，我们应该珍惜今天。正如乔治·奥威尔（《1984》作者）所说：

> 掌控过去的人掌控未来，
> 掌控现在的人掌控过去。

人性实验室：时间人格

美国心理学家菲利普·津巴多（著名的"斯坦福监狱实

验"）提出了"时间人格"：一个人对时间的看法决定了他对待事物和人生的态度，由此划分出六种时间人格。

过去	积极过去型▲	消极过去型▼
	关注过去美好的事情	关注过去痛苦的事情
现在	享乐主义型▲	宿命主义型▼
	活在当下,追求即时满足	认为命运无法改变
未来	未来型 ▲	超未来型▼
	有前瞻性,有目标	宗教性质,关注来世

图　六种时间人格

津巴多劝诫人们不可深陷三大时区，即：

第一，消极的过去时间观，即消极怀旧，被过去的痛苦所"诅咒"，被不断重复的负面情绪伤害，就像创伤后应急障碍患者。

第二，过度的现在时间观或宿命主义，认为一切都是天意控制，颓废，愤世妒俗，一面诅咒天命不公，一面祈求幸运之神的眷顾。

第三，超未来的时间观，只关注来世，比如某些极端宗教信仰者。

天下事一一责报，则必有大失望之时。

苏轼诗云：

> 治生不求富，读书不求官。
> 譬如饮不醉，陶然有余欢。

人世间，能修炼到这种境界的，很少。

对于常人，做一件事，或因为喜欢，或因为该做（职责所在），如果不那么在乎结果，反而可能会有更多获得。

注：责报，求取回报。

天下事未有不从艰苦中得来而可久可大者也。

古语有云：十年磨一剑，砺得梅花香。

但是，今天有很多人好像并不赞同这句话，因为资本和平台可以一夜之间把一个人捧成流量明星。尽管"灰姑娘"变成"白天鹅"是极少数，但对于心智未完全成熟的年轻人来说，影响是很大的——他们可能把幻想当作理想，不再愿意静下心来做好一件事情，当幻想破灭时（大概率），他们或愤世妒俗，或焦虑抑郁而彻底否定自己。

而那些被粉丝和饭圈捧上云霄的明星，如果自己没有真正的神力——才干和德行，注定是要被打回原形、跌落地面的，比如炫富走红的郭某美，比如吴某凡等等。

"天下事未有不从艰苦中得来而可久可大者也"，是常识。

用兵最戒骄气惰气，作人之道，亦唯骄、惰二字误事最盛。

人类智慧是通过大脑"兴奋—抑制"的平衡机制来实现的。兴奋，让我们自信而付诸行动；抑制，让我们三思而后行。"兴奋—抑制"的不同平衡度，表现为骄傲或谦虚、专注或发散、收益或风险的偏好。

当"兴奋—抑制"系统失衡时，我们的行为就表现为异常。比如，喝醉的人比平时话多，就是因为酒精使大脑抑制功能减弱所致。过于兴奋者，掌控感充斥大脑，就是骄气，可能视危险而不见；过于抑制者，大脑弥漫着消极的情绪，犹如不活泼的惰性气体，并为拖延懈怠寻找理由，就是惰性。

性情，既是先天遗传，又是后天习得。维持"兴奋—抑制"的平衡，戒骄、戒惰，是一辈子的修炼。

《易》曰:"劳谦,君子有终,吉。"劳、谦二字,受用无穷。劳所以戒惰也,谦所以戒傲也。由此二者,何恶不去,何善不臻?

《易》是中国古代哲学思想的源头,很多士大夫把习《易》作为修身的功课,从中汲取精神的营养和处世的智慧。曾国藩几乎每天温习《易》,这在他的日记中有记录。

谦卦说:有功劳而不自伐(自夸),是为劳谦。有功而谦,君子之事有终,是吉也。故曰:"劳谦,君子有终,吉。"曾国藩进一步阐释说,勤劳治惰性,谦虚治骄气,由此可以塑造君子品格。

曾国藩特别推崇"谦卦",可能还与他的忧患意识——如何在功成名就之后保全自身、保全家人有关。他在书信、日记里多次表达"古来成大功大名者,除千载一郭汾阳外,恒有多少灾难……希冀免于大戾"的深度忧虑。所以,当攻灭太平天国政权后,曾国藩便主动裁撤湘军来消除慈禧及朝廷的"忧虑"。习《易》的人很多,但是像曾国藩那样真正践行"劳谦"的人很少。

与人为善、取人为善之道，如大河水盛，足以浸灌小河，小河水盛，亦足以浸灌大河。无论为上为下，为师为弟，为长为幼，彼此以善相浸灌，则日见其益而不自知矣。

人，是良善本心与野兽本能于一体的物种——善与恶，都编码在我们的基因蓝图中，扩展善则善出，激发恶则恶生，正如古人所说"性犹湍水也，决诸东方则东流，决诸西方则西流"。

何以为善？

扬长避短是善，吹毛求疵是恶。所以带团队要因材施教，为人处世要多宽容；

推诚相见是善，一团和气是恶。所以见朋友走邪路应该挺身阻拦；

雪中送炭是善，落井下石是恶……

人性实验室： 路西法效应——好人是如何变成恶魔的

1971年，心理学家菲利普·津巴多进行了充满争议的斯坦福监狱实验，他招募了30名心智正常、身体健康的大学生志愿者，每人每天15美元报酬，时间14天。

斯坦福大学的一处地下室被布置成一个临时监狱。被试者抽签，分成囚犯与狱卒两组。"囚犯们"在开始前的头一晚上被戴上手铐、蒙住双眼、强行脱去衣服、穿上囚衣，再送进"监狱"，"狱卒们"则身着制服、戴着墨镜行使监管权力。在很短的时间内，情况变得非常不妙。尽管"狱卒们"并没有收到可以虐囚的指令，但他们却自发地使出各种手段来折磨"囚犯们"，使他们苦不堪言，而"狱卒们"的理智越来越失控，虐囚行为越来越残忍。

实验负责人也是"监狱长"的津巴多，深陷角色中不能自拔。在他当时的女友（后来结婚）的坚决反对下，实验进行到第七天终止。2015年这一实验被拍成电影《斯坦福监狱实验》。

津巴多之后写有《路西法效应：好人是如何变成恶魔的》的著作，进一步探讨了人是如何在恶的环境中释放恶并陷入堕落的恶性循环的。

天下凡物加倍磨治，皆能变换本质，别生精彩，况人之于学乎！

学习，就是短时记忆转换成长时记忆的过程，关键是专注和重复——大脑的电活动不断增强神经元突触的活性，从而改善记忆的提取和存储速度，就像宽带网络的布线不断加固和优化，使得信息的传输更加准确快捷一样。这种重复，不是简单的机械记忆，而是新突触的生长带来原有神经连接的改变，即知识的融会贯通。这就是曾国藩所说"加倍磨治能变换本质"。

注：曾国藩从洋人那里购买了两具千里镜（望远镜），试验后赞不绝口。感叹"铜铁、树木等，一经洋人琢磨成器，遂亦精曜夺目。因思天下凡物加倍磨治，皆能变换本质，别生精彩，况人之于学乎！"

知天下之长而吾所历者短,则遇忧患横逆之来,当少忍以待其定。知地之大而吾所居者小,则遇荣利争夺之境,当退让以守其雌。知学问之多而吾所见者寡,则不敢以一得自喜,而当思择善而约守之。知事变之多而吾所办者少,则不敢以功名自矜,而当思举贤而共图之。夫如是,则自私自满之见,可渐渐蠲除矣。

曾国藩这一天(同治元年四月十一日)的日记很长:处理公文、下棋、待客、写家信等例行事务一笔带过后,详细记录了今日涉阅的书目和自己的感悟。从中可以看出,曾国藩修身是落实到日常的,无论治学还是打仗,无论公务还是私事,事后都要回到自我反思、反省上来。这段话就是他当日学习后的"静中细思"。

曾国藩之前的另一位圣人王阳明诗云:

山近月远觉月小,
便道此山大于月。
若有人眼大如天,

当见山高月更阔。
——《蔽月山房》

心眼放大，可以看见广阔世界，可以看见历史和未来；心眼缩小，可能一叶障目，只有当下的忧患。如果心中被己身和已知所填满，就没有容纳别人和未知的空间了，容易"一得自喜"；清空方寸之地，就能虚心容纳别人，就能增长识见。

注： 知道苍天悠悠而人生短暂，那么在面对忧患时，就应当稍稍忍耐以等待它的安定；知道大地广袤而我所处之地小，那么在荣利争夺的境地时，当以雌柔心态退让；知道世上书籍之浩瀚而自己孤陋寡闻，那么就不敢以点滴所得而沾沾自喜，应当选择好的来持守；知道天下的大事情之多而自己能做的很少，就不敢以功名自负自大，应当想想如何多举荐贤能共谋伟业。这样，自私自满的毛病就可逐渐去除。

蠲除，去除；雌，下势。

就吾之所见，多教数人，取人之所长，还攻吾短。

践行"以善相浸灌"的具体方式之一：用自己的见识和管理经验尽可能多教些人，带出一个好的团队来，然后靠众人的长处弥补自己的不足。

领导的基本职责有两个：一是做事情（企业叫业绩），一是带团队。一个紧急，一个重要；一个短期，一个长期。两个都能做到位的，就是好领导。我们常常会见到一些很有"事业心"的管理者，做事猛，为了当期业绩，会借口工作需要而阻拦下属的学习和成长。年轻人遇到这样的管理者，要小心。

百种弊病，皆从懒生。懒则弛缓，弛缓则治人不严，而趣功不敏。一处迟，则百处懈也。

中医认为，一个人常常"发困犯懒"，是气虚导致五脏六腑没有足够的营养物质供应而失去活力，就像懒洋洋的葛优躺。气虚引发的"懒"，是一种生理疾病。身体正常而"犯懒"，则是一种心理疾病。

社会组织与个体一样，要防治"懒"。如何防治？

一靠信念指引，二靠纪律约束。

注： 趣功，身体机能。

勤劳而后憩息，一乐也。至淡以消忮心，二乐也。读书声出金石，三乐也。

曾国藩修身之"三乐"。

一乐，勤劳后踏实而安睡。人是社会的动物，劳作和创造是人性需求。

二乐，无嫉妒的心湛然愉悦。嫉妒是人性最卑劣的弱点，最难消除。所以，淡迫名利之乐，最不易获得。

三乐，读书声出金石。在书房里读书，摇头晃脑，陶醉其中，诗文的韵律堪比金石之声，自然十分的愉悦。

每个人都可以有一个属于自己的、类似书房这样的"小千世界"。当我们在大千世界里受伤时，可以回到这个心灵的基地来休整、加油，让我们的心灵得到抚慰，然后再次起飞。

注：金石，指钟磬发出的乐声。

凡喜誉恶毁之心，即鄙夫患得患失之心也。于此关打不破，则一切学问才智，适足以欺世盗名。

把"喜誉恶毁心"等同于"鄙夫患得患失之心"，在今人看来似乎是无限上纲上线。

这段话是曾国藩早年一篇日记中的反省。那一天，他觉察到自己做诗文、写字时，"只是一心压倒他人，要取名誉"，以致心志纷乱。他毫不留情地剖析并批判自己"喜誉恶毁之心"，是与圣人之学完全背道而驰的，与患得患失的小人没有区别。这样做学问，完全是欺世盗名。

一个人，如果"喜誉恶毁之心"太甚，就是主体性不够，他的大脑只是他人思想的外挂硬盘，最后必然会离自己的心越来越远。

言物行恒，诚身之道也，万化基于此矣。余病根在无恒，故家内琐事，今日立条例，明日仍散漫，下人无常规可循。将来莅众必不能信，做事必不能成。戒之！

言物行恒：不说空话、假话，行为始终如一。

这段话出自曾国藩早年在京城做翰林时的日记。他反省自己最大的问题是"无恒"，连家里琐碎小事，今天定下了规矩，明天还是很散漫，以致仆人都无常规可以遵循。这个"病根"不除，将来做官必不能取信于人，做事也不能成功。

坚持最难，但坚持可以养成习惯。

习惯，就像你上山开辟出来的一条路。土石、草木、溪流、坡度等好比我们的基因，是先天设定的。当我们第一次、二次、三次进山时，有很多的不确定性，有太多的偶然性影响路径的选择。但很多次后，一条模糊的、荆棘丛生的小路渐渐成形。你会继续在这条模糊的小路上行走，最后走出一条印迹清晰、路面平整、路基稳固的大路来，你行走的速度越来越快，也越来越轻松。现在，你会依赖这条路，而这条路不再是由先天遗传决定的了。

在承平时代，社会为多数人都提供了"遇见更好的自己"的可能，但前提是你能洞察内心渴望的东西，然后随着心的指引，在荆棘丛生的小路上坚持行走，直到走出一条心智大路来。

孙高阳、史道邻皆极耐得苦，故能艰难驰驱，为一代伟人。今已养成膏粱安逸之身，他日何以肩得大事？

孙高阳（孙承宗）、史道邻（史可法），两人都是明末抗清名将，都曾官居兵部尚书，都是读书人。曾国藩在副职岗位（兵部侍郎，兼任礼部、刑部、工部侍郎）上反思：他们之所以成为一代伟人，是因为极耐得苦，故能艰难驰驱。假如我今天养成只吃肥甘厚味、只知安逸享乐的习性，他日（做尚书）怎么能肩负得大事？

曾国藩对自己说这番话是在咸丰元年。3年后，在国家危亡之际，他毅然举旗，组建湘军，历经九年鏖战，终于戡乱成功。

成长型人才的一个显著特点是，他们总是把自己放在更高的岗位上来要求自己，总是把长期利益放在第一位，不会贪求眼前的安逸享乐，不会在乎一时的得失。

注：膏粱，肥肉和细粮，比喻养尊处优。

自戒潮烟以来，心神彷徨，几若无主。遏欲之难，类如此矣。不挟破釜沉舟之势，讵有济哉！

曾国藩戒烟一周后，"心神彷徨，几若无主"，典型的戒断反应。但曾国藩这一次以破釜沉舟的意志彻底戒掉了吸食多年的水烟。

张学良将军晚年谈及当年戒毒时说，"活人被死东西管着"。为了活着，吸毒时间长达9年的他，在专业医生和家人朋友的帮助下，熬过了最痛苦的一周，终于戒掉毒瘾。不但活下来了，还活了101岁。

神经学研究发现，成瘾大脑里的多巴胺系统有物理的改变——达成目标那个行为的神经回路固化联结，并与快乐中心有连接（受虐狂的大脑里，暴力、痛苦行为的神经回路和快乐中心直接连接），这就是成瘾的可怕之处。

戒掉任何成瘾的东西，都需要非常人的意志力。

古希腊神话中有一位叫奥德修斯的英雄，为了抵制海妖塞壬的诱惑，把自己绑在帆船的桅杆上，终于穿过了死亡的海域。在这一点上，值得所有人学习。

意志力是造物主赐予人类的神力，在关键时候用以战胜困难、战胜敌人、战胜自己，使得人类可以超越进化的局限，到达文明的彼岸。但是，意志力隐藏在大脑前额叶皮质的最深处，不会像我们的其他智能那样可以自动运行，需要用心去唤醒它。

注：讵有济哉，怎么能有效果呢！

古人办事，掣肘之处，拂逆之端，世世有之，人人不免。恶其拂逆而必欲顺从，设法以诛锄异己者，权奸之行径也。听其拂逆而动心忍性，委曲求全，且以无敌国外患而亡为虑者，圣贤之用心也。借人之拂逆，以磨砺我之德性，其庶几乎！

曾国藩对待"掣肘之处、拂逆之端"的态度：

第一，从个人，"借人之拂逆，以磨砺我之德性"；第二，从大局，"以无敌国外患而亡为虑"。前者是私德，后者是公德。以社稷安危为行事的准则，彰显曾国藩作为政治家的修为和智慧。

很多身居高位的人，在重大问题和关键时刻的作为，既无品行也无智慧，他们不是政治家，只是占据位置的政客。

人性实验室：政治家三维之胸襟、见识、权术

先说胸襟。

古今中外，杰出的领导人，无不具有豁达的胸怀。胸襟大小，首先是看公与私在他心中的位置。其次，看用人。

当年李斯评价吕不韦说：相邦勤勉为国操心，但是胸襟远不能跟大王（嬴政）相比。相邦做事五分为大秦，五分为自己（迟迟不愿还政于嬴政），而大王心中装的是整个天下。两千年后，孙中山为了保住共和，可以把总统位置让与袁世凯，而袁世凯相信"万岁"可以破解自己寿命"魔咒"，竟然复辟称帝，做回皇帝。

刘邦曾经问韩信："如果我当将军，能带多少兵马？"韩信回答道："陛下不过能带十万。""那你呢？""我多多益善。""那你怎么屈服在我手下了？"韩信答了一句名言："陛下不善于用兵，但善于用将。"与刘邦相比，项羽个人的军事能力更厉害，但是其气量却容不下范增，其傲气让韩信在他面前没有存在感。项羽与刘邦真正的差距在胸襟。

再说见识。

见识有广博与浅陋之分。它是一个人的知识、经历激发天性而形成的认知能力。但知识和经历并不直接形成认知，必须经过自我的反思、领悟。比如，透过坚船利炮，李鸿章看见了西方在教育、科技以及政治方面的文明进步，大呼"此三千余年一大变局也"，这是见识；而当时朝中大部分权贵、重臣拒绝睁眼看世界，对新生事物之无知简直到了无以复加的地步，依然认为修建铁路、电报会动摇大清龙脉。在太平军席卷半个中国时，咸丰皇帝只一味地叫人刨洪秀全广东老家的祖坟，而四十多年后的慈禧更是昏庸，竟然相信了义和团能刀枪不入的谎言与洋人开战。凡此种种都是无见识。

最后权术。

权术，运用权力的技术，是一个政治家的基本能力。广义上权术包括政治策略和管理手段；狭义指驭人之术，恶是其人性假设。作为政治家，可以不喜欢权力，但必须懂权力。在驭人方面，慈禧超过很多男人，光绪皇帝跟她不在一个层级上。

慈禧喜性享乐，为了自己"颐养天年"，在大清国财政几乎破产时，以在昆明湖上"水操"和"练兵"的名义，"名正言顺"地动用巨额军费让海军衙门把烧毁的清漪园重建为颐和园（而日本天皇从皇宫日常开支中拿出钱拿来买船），其权术不可谓不高。但名之正当、实之卑劣。军费被挪用直接导致六年后甲午海战惨败。在外人看，即使是为了享乐，也应该先保住江山。所以，慈禧的权术又是愚蠢的。

可见，胸襟狭小、见识浅陋而善于权术的领导，其关键时候做出的决策可能最差。

注：同治元年（1862）九月，湘军曾国荃部3万人被太平军李秀成30万围困于南京雨花台，形势十分危急。面对

亲兄弟的险境，曾国藩也无救兵可派。但在这个关键时刻，江西巡抚沈葆桢（曾入曾国藩幕府，曾国藩保举他为江西巡抚）以本省财政紧张为由，停止每月供给曾国藩的四万两漕折（银钞）。面对恩将仇报、有意与自己作对的沈葆桢，曾国藩自然是相当愤怒，他身边的人纷纷要求参劾"不恩不义"的沈葆桢。但是，作为对整个战局负责的指挥官，他选择了自己消化，没有向外界公开这一事件来激化矛盾。

扶危救难之英雄，以心力劳苦为第一义。

在国家危难之际，英雄遵循正义之心指引，挺身而出唤醒民众、团结民众一起战胜外部敌人，不但需要非凡的才智，更需要非常的意志。英雄清楚前行的路注定曲折坎坷，所以事到临头不会轻易退缩，就像曾国藩一样，屡败屡战，最后终于取得成功。

英雄的"正义之心"源自何处？

"正义之心"预置于人类基因蓝图中。在漫长的演化历程里，人类在自私的天性上镶嵌了群体归属性，于是产生了一种非凡的能力——将自身连接到追求更伟大目标的群体中去。这就是道德的全部含义。

人性实验室：道德进化论

达尔文进化选择理论认为，自然界中所有生物都是以自利为原则，即自私的基因可以提高个体的生存和繁衍适合度。但是，自利选择理论的困境在于，利他行为在自然界尤其是人类社会广泛存在，于是达尔文把自然选择从个体扩展到群体，即利他行为可能通过群体间的选择过程而进化。

在达尔文逝世100多年后，道德心理学、社会生物学，行为遗传学等提出了多层次选择理论,即基因、染色体、细胞、有机体和群体等各个层级存在选择,进一步验证了达尔文群体选择理论的正确性。这种利他行为,带来人类独有的非亲缘合作与分享,使群体团结起来像一个完整的有机体,去战胜外部的竞争和威胁。

为政之道，得人、治事二者并重。得人不外四事：曰广收、慎用、勤教、严绳。治事不外四端：曰经分、纶合、详思、约守。

得人+治事＝人事（人世间的事）。

得人之道：广收、慎用、勤教、严绳。

曾国藩像春秋时期的诸侯一样收罗天下人才，他的幕府人数最多时近500人。这么多的人，一定有骗吃骗喝的鸡鸣狗盗之徒。所以要"勤教、严绳、慎用"。他为国家培养和举荐了包括李鸿章、左宗棠、沈葆桢、郭嵩焘等无数栋梁之材。得人，是曾国藩成就事业的关键。

治事四端：经分、纶合、详思、约守。所谓"经分、纶合"，用今天的话说，就是把企业运营数据结合外部竞争形势来分析，归纳总结出几个方面的因果关系，主要是信息技术部门的事情；所谓"详思、约守"，审慎权衡，抓住主要矛盾的主要方面，给出简单可行的解决办法，是管理层的事情。

一个好领导，必须"得人与治事"二者并重。

每日须以精心果力独造幽奥，直凑单微，以求进境。一日无进境，则日日渐退矣。

曾国藩觉察"近日公事不甚认真，人客颇多，志趣较前散漫"。他前额叶皮质深处的警告响起："一日无进境，则日日渐退矣。"他要求自己，对于公事、学问、修身，每天都必须以专心之志、果敢之力去造访深邃奥妙，直达事物的精微之处，以进入不断进取的境界。

修行如逆水行舟，不进则退。

注：幽奥，深邃；直凑单微，直指事物、学问精微之处。

于清早单开本日应了之事,本日必了之。

早上列清单,睡觉前检查;月初计划,月末小结。这是很有用的"行为疗法"。

清单,必须是具体的、可测量或可观察的。

对完成的事项(哪怕是很小的事如清理房间)打一个√(对钩),就是一次自我奖励——大脑奖赏回路的一次放电活动。随着这一简单行为的重复,神经回路的活性不断增强,突触联结越来越稳固,信息传递随着"带宽"增加而迅速准确,大脑运行逐渐变得轻松自如。这就是自控到自律(习惯养成)的过程。我们说一个人的思想通了,行为自律了,其神经基础就是相关回路的连接方式发生了变化。

与胡中丞商江南军事，胡言凡事皆须精神贯注，心有二用，则必不能有成，余亦言军事不日进则日退。二人互许为知言。

　　凡事能一心无二，则可能与日俱进。
　　曾国藩与胡林翼（胡中丞），后世并称"曾胡"，都是中兴名臣。他们出身、性格完全不同：胡是"官二代"——父亲是探花胡达源、岳父两江总督陶澍，曾则出身农家小地主，顶多算中产阶级；胡"少负不羁之才"，豪爽、宽宏、睿智，曾天资普通，沉稳、踏实、坚毅。但是，他们都怀经世济民之志，在事业上相互成全，堪称君子之交的典范。可惜天妒英才，胡不足50岁就去世了。

　　注：知言，有见识的话。

文集

独也者，君子与小人共焉者也。小人以其为独而生一念之妄，积妄生肆，而欺人之事成。君子懔其为独而生一念之诚，积诚为慎，而自慊之功密。彼小人者，一善当前，幸人之莫我察也，则趋焉而不决。一不善当前，幸人之莫或伺也，则去之而不力。幽独之中，情伪斯出，所谓欺也。唯夫君子者，惧一善之不力，则冥冥者有堕行，一不善之不去，则涓涓者无已时。屋漏而懔如帝天，方寸而坚如金石，独知之地，慎之又慎。

曾国藩认为，君子与小人的根本区别就在于慎独与否。

人类是野兽本能与良善本心共存的物种，每个人身上都兼具人性最优和最劣的部分。换句话说，人人都具有成为圣人或罪犯，以及介于两者之间的一切可能。做君子还是小人，全在自己。

慎独，是曾国藩一生修行的功夫，也是他最厉害的功夫。他通过记日记——在别人看不见的细微处、隐蔽处洞察自己内心的一举一动，时刻检点，日日警醒，慎之又慎。最后，终于步入圣人的行列。

人性实验室：多个我的冲突

在我们的成长过程中，那些能激起我们强烈情感的人，那些对我们有深刻影响的人，最终都会进入潜意识心智，参与人格化的构建。比如，婴儿内化母亲，将对母亲的情感和母亲的表征关联成无意识的好母亲或坏母亲——对我们一生的人际关系产生重大影响。还有，父亲、家人、发小、老师、领导等，都会在我们的无意识里形成各种各样的客体——他人的表征，在我们人格化的结构里占据一个位置。正如法国当代哲学家保罗·利科说：我们都是作为他者的自身。

如果内化的部分相互冲突，我们方寸之间就会心猿意马，忧惧、憎恨、嫉妒等让我们不得安宁，尤其在没有监督的环境里，分离的"小人"就出来捣乱，滋生妄念和恶行。

所以，修炼就是自我探索、自我修复，即重构人格的一致性和连续性。最好的方式就是像曾国藩那样，"独知之地，慎之又慎"，方能彻底统合内化的"多个我"，实现内心完全的和谐。

注："独"是小人和君子都能感受到的。小人觉得自己是一个人的时候，会产生妄念，狂妄的念头集聚多了，就会恣意妄为干坏事；君子忧惧自己是一个人时，会生诚念，诚

念集聚多了就小心谨慎，因而自律功夫得以提升。小人，当他想行善时，担心别人不一定知道，而迟疑不决；当他想行恶时，会心存侥幸，以为别人不一定知道，因而拒绝很不坚决。小人背地里独处时，虚伪的念想就出来了，这就是欺骗。而君子，惧怕一次行善不力，在暗中会有堕落的行为；一次坏毛病去除不力，可能如溪流不断一样犯错。君子居暗屋中仿佛面对苍天，内心坚如金石。所以，一人独处时，一定要慎之又慎。

风俗之厚薄奚自乎？自乎一二人之心所向而已。民之生，庸弱者戢戢皆是也。有一二贤且智者，则众人君之而受命焉；尤智者，所君尤众焉。此一二人者之心向义，则众人与之赴义；一二人者之心向利，则众人与之赴利。众人所趋，势之所归，虽有大力，莫之敢逆。故曰："挠万物者，莫疾乎风。"风俗之于人之心，始乎微，而终乎不可御者也。

先王之治天下，使贤者皆当路在势，其风民也皆以义，故道一而俗同。世教既衰，所谓一二人者不尽在位，彼其心之所向，势不能不腾为口说，而播为声气。而众人者，势不能不听命而蒸为习尚。启超按："势不能不"极见得到，此深于社会学者之言也。于是乎徒党蔚起，而一时之人才出焉。有以仁义倡者，其徒党亦死仁义而不顾；有以功利倡者，其徒党亦死功利而不返。水流湿，火就燥，无感不雠，所从来久矣。

今之君子之在势者，辄曰天下无才。彼自尸于高明之地，不克以己之所向转移习俗而陶铸一世之人，而翻谢曰无才，谓之不诬，可乎？十室之邑，有好义之士，其智足以移十人者，必能拔十人之尤者而材之；其智足以移百人者，必能拔百人中之尤者而材之。然则转移习俗而陶铸一世之人，非特处高明之地者然也，凡一命以上，皆与有责焉者也。有国家者得吾说而存之，则将慎择与共天位之人；士大夫得吾说而存之，则将惴惴乎谨其心之所向，恐一不当而坏风俗，而贼人才。循是为之，数十年之后，万一有收其效者乎！非所逆睹已。启超按：此篇公之少作也。深明社会变迁之原理，我国数千年来不多见之明文也。公于穷时、达时皆能以心力转移风气，亦可谓不负其言矣。

上述文字出自曾国藩《原才》，它是继韩愈《原道》、黄宗羲《原君》后，又一"原"体名篇（原，探究事物本原之义）。梁启超评价《原才》："深明社会变迁之原理，我国数千年来不多见之明文也。"

为移风易俗而陶铸一世之才，为天下百姓建立一个淳厚风尚的社会，这是35岁的曾国藩给自己的人生定位——做引领社会风尚的儒家君子。

今天的科技物质与曾国藩时代有天壤之别。但是，社会网络的基本属性没有变，因为人性的基本命面没有变。社会风尚，依然是由少数人（政府官员、国企高官、高级知识分子、民营企业家以及明星等）引领，无论正向还是负向的。比如源自日韩的明星"花美男"形象，在资本的助推和流量艺人的引领下，"娘炮形象"一时间在青少年中俨然成为一种审美取向。正如曾国藩所说"风俗之于人心，始乎微，而终乎不可御者也"。

建立更安全更美好的社会，需要一代一代陶铸具有"正义感、同理心和创造性"的人才，这是教育的根本所在。

先王之道不明，士大夫相与为一切苟且之行，往往陷于大戾，而僚友无出片言相质确者，而其人自视恬然，可幸无过。且以仲尼之贤，犹待学《易》以寡过，而今曰无过，欺人乎？自欺乎？自知有过，而因护一时之失，辗转盖藏，至蹈滔天之奸而不悔。斯则小人之不可近者已。为人友而隐忍和同，长人之恶，是又谐臣媚子之亚也。

上述文字出自《召悔》一文，召悔，意思就是唤起自我反省的意识。

第一，在组织里，为明哲保身而任其同僚犯错误，就是大过；第二，助长朋友恶习，如同"助纣为虐"；第三，人都有可能犯错误，所以要自省，知错就改。

召悔，是君子的品行。君子不是无过，而是有错必改；小人总是找各种理由为自己辩解和掩盖躲藏，最后犯下滔天罪恶也无悔意，沦为野兽。

注：上古帝王不能行王道，士大夫们蝇营狗苟，最后陷入罪恶的深渊，而同僚们无人出来劝谏，还庆幸自己没有过

错。像孔子这样的圣贤，况且还习《易》来减少过错，而这些人还说自己无过，是欺人还是自欺呢？为了袒护一时的错误，总是找各种理由辩解，想尽办法掩盖躲藏，最后犯下滔天大罪也无悔意，这就是不能与小人接近的道理。眼看朋友犯错误却装作看不见，助长朋友的恶习，这比佞臣媚子更可恶。

学贵初有决定不移之志，中有勇猛精进之心，末有坚贞永固之力。

同治八年（1869），曾国藩为《国朝先正事略》做序。文中借康熙皇帝的话"学贵初有坚定不移之志，中有勇猛精进之心，末有坚贞永固之力"，表明他中兴大清王朝的信心和决心。

这三句话是常识。万事开头难，在习惯没有养成之前，没有坚强的意志力，很容易败下阵来；走上正轨后，还得继续加持，依靠勇猛精进，直至掘井及泉，求得真知；最后，"行百里者半九十"，必须有坚贞永固之力，克服懈怠或骄傲，方能善始善终。

凡物之骤为之遽成焉者，其器小也；物之一览而易尽者，其中无有也。

道光二十五年四月，曾国藩送科场不顺的同乡好友郭嵩焘（筠仙）回湖南，作《送郭筠仙南归序》一文以"大器晚成"相勉励和安慰。两年后，郭嵩焘第五次参加会试时考中进士。出道后，辅佐曾国藩创建湘军，后出任英国公使，是中国第一位真正走向世界的外交人物。

生命的一切成长都需要时间，大器需要更长的时间。明白这一点，我们就不会因一时的挫折而放弃自己的追求。

> 君子赴势甚钝，取道甚迂，德不苟成，业不苟名，艰难错迕，迟久而后进，铢而积，寸而累，及其成熟，则圣人之徒也。

曾国藩信奉"大巧若拙"，认为"天下之至拙，能胜天下之至巧"。所以，他从不走捷径，依靠铢积寸累，终成圣人。

今日的生产力和教育水平与曾国藩所处时代不可同日而语，个人获取知识比以往任何时候都容易。但是，对于大多数的普通人而言，要想最大程度自我实现，"铢积寸累"可能依然是最好的策略，因为大脑的学习机制（如短时记忆转为长期记忆需要专注和重复）没有变化。

注：君子不走捷径，不图虚名，所以显得很迟钝。君子在自己认定的道路上一步一步地踏实前行，不畏艰难曲折，也许比别人成功晚一些，而功不唐捐，待到成熟之时，就步入圣贤的队列了。

贤达之起，其初类有非常之撼顿，颠蹶战兢，仅而得全。疢疾生其德术，荼蘖坚其筋骨，是故安而思危，乐而不荒。

苦难，是心智成熟的催化剂。

第一，提升生命能级。西方哲人所说"那些杀不死你的，终将使你更强大"。挺过困境，意志力的神经回路进一步稳固和增强，这种消极情绪被激发又被解决的体验就是抵御侵蚀的能量。

第二，增加认知复杂性。人性不是只有善，还有恶；生活不是只有阳光和掌声，还有风霜和冷漠；事物发展不是线性的。

第三，增强幸福能力。疾病让我们珍惜健康和平安，冷漠让我们珍视亲情和友谊，失去让我们更加珍惜拥有。

注：自古有才德的人，在他们的起初阶段，大都经历了非常之挫折和磨难，苦难磨砺其意志、陶铸其品德、增长其见识。所以，他们能够居安而思危，欢乐而不荒淫。

荼蘖，苦难。

古君子多途，未有不自不干人始者也。小人亦多途，未有不自干人始者也。

曾国藩说，古时候的君子出仕有多种途径，但没有一个不是从独立自主开始的；小人出仕也有多种途径，但没有一个不是从依附权势开始的。

君子，是人性圆满的代表——身份确认的自我，自强自立，心理边界清晰，人生的价值在于真正融入集体里去劳作与创造来释放生命的潜能，功名是副产品。所以，自立是前提。

自立与依附是君子与小人的分野。

人性实验室：依恋关系

在婴儿的世界里，孩子与母亲是共生的关系——剪断脐带只是肉体的分离，心理的分离要在三岁以后。随着生命从蒙昧状态到开启意识，象征自立的父性——力量、责任、规则，逐渐内化为自我的人格，这一过程贯穿孩童、少年、青年以及整个人生。如果婴儿期没有建立安全的依恋关系，或之后的教育不当导致父性功能不足或缺失，则成年后可能"立"不起来，比如不安全的、害怕被抛弃的伴侣关系，再比如逾越规则、侵犯他人心理边界的依赖行为等。

　　健康的依恋关系是自立的原始力量，也是感恩的源泉。因为自立者明白，别人所给予的任何东西都不是理所当然，所以会心存感恩；相反，依赖型人格，心理边界不清晰，认为所有帮助都是理所当然，一旦得不到，就可能反目成仇，所谓"一碗米养恩人，一斗米养仇人"就是这个道理。

能俭约者不求人。

在那个时代,像曾国藩这样的高官能俭约,可减少马夫、厨子、婢女等一大帮人,节省一大笔银子;而奢华,意味着巨额的花销,而且一旦离开别人,生活都成问题。

在物质极大丰富的今天,俭约是男士一种自选的生活方式,它的好处在于:第一,节约精力和时间,比如两套工作服,一正式一休闲,穿上身就出门;第二,节省的资源可用于教育、健康等方面;第三,俭约,也是一种简便实用的心理建设。

天可补，海可填，南山可移，日月既往，不可复追。其过如驷，其去如矢，虽有大智神勇，莫可谁何。光阴之迁流如此，其可畏也，人固可自暇逸哉？

上述文字出自《朱玉声寿序》，也是曾国藩的"惜阴"词。

感叹时间流逝，往往是人到中年。比如陶渊明"盛年不重来，一日难再晨"，他痛惜的可能是人生经历入世与归隐的几次反复，现在老之将至，自己用世之志这辈子再也无法实现了。而曾国藩刚好30岁（及第第二年）时，就生出此番对时间的感慨，可见他的人生志向十分明确。

一个人天生的资源只有脑力和时间，所以珍惜光阴就是对天命最好的尊重。

注：矢，箭。

人固视乎所习。朝有婧嬰之老，则群下相习于诡随；家有骨鲠之长，则子弟相习于矩矱。倡导而为风，效而成俗，匪一身之为利害也。

人是天生的社会动物，规则意识预置于每个人的基因中，但需要后天激活和完善——通过父亲、领导或偶像等权威的倡导和引领，这一过程贯穿我们生命的始终。

曾国藩说，朝廷上有阿谀随顺的老臣，则下面就跟随一群诡诈善变的人；家里面有耿直刚正的家长，则子弟就会遵守规矩。有权威倡导就成为风尚，众人仿效就成为习俗，这就不仅仅是个人的利害得失了。

人性实验室：父性功能与规则

根据精神分析理论，孩子三岁进入俄狄浦斯期，开始接受社会的塑造。父亲的介入，让母婴二元关系变成母亲、孩子与父亲的三角关系，母亲代表爱与包容，父亲则代表力量和规则。孩子在三角关系中的身份认同——我是男孩（女孩），母亲是父亲的女人，成为成年后社会规则意识的开端。在孩子成长过程中，父亲诚实和勇敢的品质将注入孩子的人格，成为他探索世界的力量。

这里所说的"父亲",不仅是生物学上的,更是指具有父性功能的人。比如曾国藩回忆说,他倔强坚毅的性格和拙诚、勤劳的品格,很大程度上受祖父(星冈公)的教育和影响,其治家"八字"(书蔬鱼猪早扫考宝)以及"三不信"(不信药医、地仙、僧巫),均承继于祖父。

父性功能不足或缺失,孩子成年后可能缺乏规则意识,缺乏自律和力量感。

注:婞婴,阿谀随顺;骨鲠,刚直忠正;矩矱,规矩。

天之生斯人也，上智者不常，下智者亦不常，扰扰万众，大率皆中才耳。中才者，导之东而东，导之西而西，习于善而善，习于恶而恶。其始瞳焉无所知识，未几而骋耆欲，逐众好，渐长渐惯而成自然；由一二人以达于通都，渐流渐广而成风俗。风之为物，控之若无有，鳍之若易糜，及其既成，发大木，拔大屋，一动而万里应，穷天人之力，而莫之能御。

曾国藩从人性的常识，谈及教育和管理的本质：

其一，世上天才和蠢笨是少数，中等才智的是多数。用今天生物遗传学的观点说，天才（蠢笨）是在繁育后代的过程中，父母染色体的随机洗牌和减数分裂时的交叉互换导致基因正向（负向）突变的结果。

其次，中等才智的平常人，引导他向东就向东，引导他向西就向西，习善则善，习恶则恶。开始都是懵懂的，出身社会很快就被环境同化，习惯成自然。

再次，如果有一两个贤达带头倡导某种行为，就会逐渐地从都市扩展蔓延至乡野，成为整个社会的风俗。

最后，风气是一种无形的能量，看不见，摸不着，当它聚集起来时，可以拔起大树，掀翻房屋。一处风起，万里响应，就算穷尽众人之力，可能都难以抵御。

形成一种风气，需要耐心，需要在细微处发力。待风眼形成，与周围有压差，就可以扩散了。一个组织如此，一个社会亦如此。

安乐之时，不复好闻危苦之言，人情大抵然欤！君子之存心也，不敢造次忘艰苦之境，尤不敢狃于所习，自谓无虞。

上述文字出自《金陵楚军水师昭忠祠记》，曾国藩、彭玉麟在战争结束后修建金陵楚军水师昭忠祠，就是为了警醒世人：前事不忘后事之师，今天就是明天的过去。如果今天故步自封（狃于所习）和自我麻痹，明天就可能灾难重现。

今天，战争形态已经发生了翻天覆地的变化，传统的"战略重镇""兵家必争之地"概念已经演变成网络和星际争霸。但是，无论是冷兵器时代，还是枪炮时代，还是数字化战争的今天，战争的关键还是人。只要我们"不敢造次忘艰苦之境，尤不敢狃于所习"，正视自己的差距，在当下采取行动，就可能最大限度避免灾难重演，才会有光明的未来。

君子之道，莫大乎以忠诚为天下倡。世之乱也，上下纵于亡等之欲，奸伪相吞，变诈相角，自图其安而予人以至危。畏难避害，曾不肯捐丝粟之力以拯天下。得忠诚者起而矫之，克己而爱人，去伪而崇拙，躬履诸艰，而不责人以同患，浩然捐生，如远游之还乡，而无所顾悸。由是众人效其所为，亦皆以苟活为羞，以避事为耻。呜呼！吾乡数君子所以鼓舞群伦，历九载而戡大乱，非拙且诚者之效欤？

君子以忠诚倡导天下。曾国藩、胡林翼等一帮读书人，在天下大乱之时，奋起捍卫道统，拯生民于水火，救王朝于危亡，带领千千万湘民，历经九载戡乱成功。

曾国藩《讨粤匪贼檄》是政治动员令，而这篇《湘乡昭忠祠记》则总结了战争取得胜利的关键是发动人民。这一点无论放在什么时候都是不过时的。

注： 君子之道，最重要的是以"忠诚"倡导天下。世道变乱时，物欲横流，人们总是相互倾轧，为了一己私利可以把别人置于危险境地，为了公众利益哪怕是出丝粟之力都不

愿意。只有忠诚之士，奋起捍卫公道，克己爱人，去伪崇拙。他们不要求别人也和自己一样，涉艰履危毫无怨言，甚至牺牲性命也在所不惜。他们的行为感动和鼓舞了人民，于是纷纷效仿君子，以苟活为羞，以退缩为耻。呜呼！我湘乡涌现出数位君子，引领千千万万民众，历经九载终于戡乱成功。这不就是朴拙与忠诚的效果吗？

世多疑明代诛锄缙绅，而怪后来气节之盛，以为养士实厚使然。余谓气节者，亦一二贤者倡导之，渐乃成为风会，不尽关国家养士之厚薄也。

曾国藩关于明代殉难的读书人"不尽关国家养士之厚薄"的观点是有道理的。

气节，是生物和文化双重进化出来的一种特殊能力，需要社会风尚的激活，而不是单靠物质财富可以养出来的。古今中外如此（比如年收入千万美金的华尔街高管们依然弄虚作假，其中远不止安然公司首席执行官肯尼斯·莱一人）。

人性实验室：道德感是人类独有的能力

达尔文认为，道德感是人的一切属性中最为高贵的。它导致人毫不踌躇地为他的同类去冒生命的危险，或者在经过深思熟类之后，在正义或道义的单纯而深刻的感受的驱策之下，为某一伟大的事业而献出生命。所以，人类道德也是自然进化出来的一种适应性——团结、勇敢的部落更能够战胜其他部落、发展壮大。

在《人类的起源》问世100年后，达尔文的群体选择理论被道金斯"自私的基因"理论所否定。

但是，21世纪以来，随着社会生物学、社会神经科学以及道德心理学的科学家们，重新验证了达尔文进化论的伟大：第一，多层次选择，即生物在基因、染色体、细胞、有机体（个体）和群体多个层级上都有竞争，都存在自然选择；第二，人类天性是生物和文化共同进化的结果，人类所创造的文明主要依靠的不是个体的智力，而是"累积性的文化适应"——社会规范、道德价值，以及漫长历程中不同文化之间的达尔文式的自然选择。

注：缙绅，做官的人。

凡菜茹手植而手撷者，其味弥甘；凡物亲历艰苦而得者，食之弥安也。

上述文字出自《大界墓表》，是曾国藩于同治十年（1871）七月为其祖父曾玉屏（星冈公）写的墓表，详述了其祖父为打下一份供子孙耕读的家业，如何自强不息、努力耕耘的过程。其中最有特色的，是记叙其祖父生前言谈部分，真实、亲切，画面感强。祖父告诉曾国藩，自己种的菜吃起来才香；经历辛苦挣得的钱，花起来才心安。

正是祖父位卑而倔强的自立自强，奠定了曾国藩人格的基石。

道微俗薄，举世方尚中庸之说，闻激烈之行，则訾其过中，或以罔济尼之。其果不济，则大快奸者之口。夫忠臣孝子，岂必——求有济哉？势穷计迫，义不返顾，效死而已矣。其济，天也；不济，于吾心无憾焉耳。

　　世道衰微，世风薄凉，世人多求自保。但是，也有一些人，他们在"势穷计迫"之时，"义无反顾，效死而已矣。其济，天也；不济，于吾心无憾焉耳"。这种无私的精神，是人类与其他灵长类的根本区别，是人类从远古走到今天的根源性力量。

　　道德动物的社会算法有两层：

　　第一层：自利性，基因、染色体、细胞、有机体基于压力进化的个体选择。如，大分子的自我复制、个体面对危险时"战斗或逃跑"。

　　第二层：群体归属性，渴望成为比自己更伟大、更崇高团体中的一员，是压力和文化双重进化的群体选择，社会生物学家称之为"累积性的文化适应"。

　　注：世道衰微，风俗又不淳朴，一般的人，都崇尚"中

庸"之道。听说谁有激烈的行动,便诋毁说太过了,有的以不能成功的借口加以阻止。如果真的没有成功,则奸诈的小人就会说,果然不出他的预料。其实,作为忠臣、孝子,何必要求每件事都会成功呢?形势所迫,义无反顾,为国家贡献出自己的一切罢了。事情成功了,可见是天命如此。失败了,自己的心头也没有什么可以遗憾的。

訾,诋毁;囮济尼之,以不能成功的借口加以阻止。